세상에서 가장 재미있는
## 세계사
**2**

THE CARTOON HISTORY OF THE UNIVERSE II

Copyright © 1994 by Larry Gonick
Published by arrangement with the Crown Publishing Group.
All rights reserved.

Korean translation copyright © 2002 by Kungree Press
Korean translation rights arranged with the Crown Publishing Group
through EYA(Eric Yang Agency).
All rights reserved.

이 책의 한국어판 저작권은 EYA를 통하여
the Crown Publishing Group과 독점 계약한 '궁리출판'이 소유합니다.
저작권법에 의해 한국 내에서 보호를 받는 저작물이므로 무단전재와 복제를 금합니다.

# 세상에서 가장 재미있는 세계사

래리 고닉 글·그림 | 이희재 옮김

## ②

중국의 여명에서 로마의 황혼까지
THE CARTOON HISTORY OF THE UNIVERSE II

# CONTENTS

## 1. 인도, 모두 모두 신성하다  8

모헨조다로와 하라파 15 | 인더스 강의 아리아인 19 | 마하바라타 26
힌두교, 신은 하나다 28 | 진리를 깨친 붓다와 마하비라 34
황금시대 마우리아 제국 46 | 바가바드기타 53

## 2. 수신제가치국평천하의 나라  58

삼황오제 64 | 가화만사성 68 | 최초의 왕조, 하 72 | 갑골의 나라, 상 74
주와 봉건제도 78 | 춘추시대 80 | 도, 제자백가의 한길 84
아들을 왕으로 만든 여불위 이야기 98

## 3. 동아시아 대륙 막강패자의 탄생   108

진시황, 천하의 새 질서를 세우다 117 | 초나라 대장군 항우 125
한나라 유방의 역전극 131 | 한, 제국의 빛과 그림자 144

## 4. 영원한 제국 로마 이야기 158

알렉산드로스, 그 후 160 | 로물루스와 레무스의 도시 166
로마공화국의 탄생 170 | 원로원 VS 호민관 175 | 화합과 통일의 시대 180
로마와 카르타고의 일대격전, 포에니 전쟁 185 | 정복과 학살의 시대 191
반란과 정쟁의 시대 194 | 삼두정치에서 일인독재까지 199

## 5. 기원전, 그리스도, 기원후 208

유대의 두 멍에, 헤롯과 빌라도 213 | 기다리던 메시아 225
칼리굴라와 클라우디우스 237 | 신흥종교 기독교 240
불타는 로마 244 | 요타파타와 요세푸스 247

## 6. 동서 대제국들의 균열 258

로마와 중국 사이 264 | 삼국지 266 | 무너지는 팍스로마나 282
게르만의 압박 283 | 콘스탄티노플에서 아드리아노플까지 288

참고문헌　　　　308
옮긴이의 말　　　312

### 1권 | 빅뱅에서 알렉산드로스 대왕까지

1. 우주 삼라만상이 열리던 날 | 2. 인간, 막대기와 짱돌을 사용하다 |
3. 깊은 강, 문명을 낳다 | 4. 구약 시대, 서양 정신의 뿌리 |
5. 그리스, 신화와 전설이 들려주는 역사 | 6. 지중해와 오리엔트의 한판 승부 |
7. 아테네 민주주의의 모든 것

### 3권 | 이슬람에서 르네상스까지

1. 아랍에 내린 신의 계시, 이슬람 | 2. 아프리카, 다양성의 보고 |
3. 대륙을 누비는 사람들 | 4. 천년 왕국 비잔틴 |
5. 십자군의 이름으로! | 6. 암흑 속에 핀 꽃의 도시

### 4권 | 콜럼버스에서 미국혁명까지

1. 세계 전쟁, 문명을 파괴하다 | 2. 돌고 도는 세상 | 3. 선행? |
4. 헤쳐모여! | 5. "이치가 그렇잖아!"

### 5권 | 바스티유에서 바그다드까지

1. 총, 황금, 선의 | 2. 자유무역 | 3. 근대란 무엇인고 |
4. 밝은 빛 | 5. 계몽의 끝?

# INTRODUCTION

그럼 인도의 반응은 어땠을까?
대륙에 버금가는 이 거대한 땅에서 나온 방대한 문헌
어디에도 알렉산드로스라는 이름은 나오지 않는다.
0번 나오는 것이다! 인도의 수학자는 바로
이런 상황을 나타내기 위해서 0이라는 숫자를
발명한 것이 아닐는지.

인도의 옛모습은 지금과는 달랐다. 아득한 공룡 시대에 인도는 아프리카 대륙에 붙어 있었다.

1억여 년 전 거대한 삼각형 조각이 떨어져 나가기로 마음먹었다.

그 조각은 대략 북동쪽으로 흘러흘러 6000만여 년 전 아시아 해안에 붙었다.

대륙은 천천히 움직이지만, 엄청난 파괴력이 있다.

그도 그럴 것이, 인도의 무게는 자그마치 25,200,000,000,000,000,000킬로그램이나 되었다.

그런 충돌 때문에 녹고, 흔들리고, 쪼개지고, 휘어지고, 비틀리고, 가라앉고, 솟아오르기도 했다!!

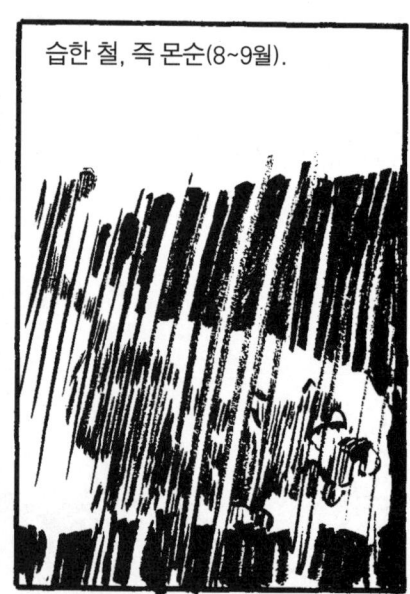

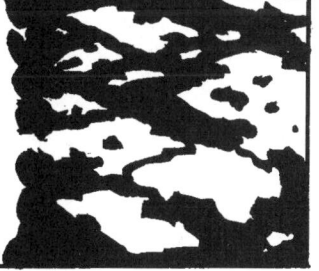

하라파 사람들은 천 년 가까이 자연과 싸워야 했으니, 바로 홍수 때문이었다.

목욕 한번 잘 한다!

물줄기가 수시로 바뀌었다.

우째 이런 일이!

그러나 강을 터전으로 사는 사람에게 이 정도는 약과였다. 더욱 희한한 재난이 있었으니, 바로 인도를 움직이고 히말라야를 들어올렸던 지각운동이었다.

가령, 진흙 화산…

에고, 에고

끊임없는 융기로 해안선이 밀려났다!

그리하여 기원전 1500년경, 자연 재해로 너나없이 기진맥진해 있을 때 마지막 재난이 들이닥쳤다. 북방 야만족의 침입이었다. 인도 역사를 보면 침략자는 대개 북서쪽에서 들이닥친다. 깜빡 잊었는데, 이 또한 히말라야 탓이다!!

# 인더스 강의 아리아인

갑옷과 마차, 행색으로 보아 여러분은 이 야만족이 누구인지 대번에 알아차렸을 것이다. 그들은 히타이트인, 그리스인, 페르시아인으로 이미 역사에 등장한 민족이었다. 이 인도유럽어족의 인도 갈래는 순종, 곧 아리아를 자처했다.

최소한 그들의 공격만큼은 잡티가 섞일 수 없었다. 마차를 탄 그들이 인더스 강 유역의 피부 빛깔이 검은 드라비다인을 덮치기란 누워서 떡 먹기였으니까.

화산 무서운 건 저리 가라네!!

드라비다인은 남쪽으로 달아났다. 현재 드라비다어는 인도 남부의 오지에서만 사용된다. (아프가니스탄의 일부만 빼놓고는)

- 칸나다어
- 말라얄람어
- 텔루구어
- 타밀어
- 현재 드라비다어족

침략자는 스스로를 아리아인이라고 불렀다. 그걸 어떻게 알까? 아리아인의 신성한 노래와 기도가 사제를 통해 구전되고 기억되어 지금껏 남아 있기 때문이다!

고대 산스크리트어 전설모음집을 『베다』라고 한다. 아리아 정복 시대를 베다 시대(기원전 1500~1000년)라고도 한다.

사람 목 좀 벴다, 왜?

그걸 왜 글로 안 쓴데?

그럼 오토매틱이 되니까 누구나 쉽게 배울 거 아냐.

『베다』에는 노는 데 선수고 고기를 즐기며 활동적이고 자존심 세고 낙천적이며 말 경주와 약탈을 좋아하는 아리아인의 모습이 생생히 묘사돼 있다.

끼야호!

자기를 사랑하는 만큼 남을 미워했는데 특히 검은 피부를 증오했다. 아리아는 희다는 뜻도 있다.

검은 건 더러워! 나빠! 천해!

잘됐지 뭐야. 노예로 삼자! 신난다! 생각하고 자시고 할 것도 없어!

천한 놈들….

18세기와 19세기에 학자들은 산스크리트어와 대다수 유럽어 간의 근친성을 발견했다.

뿌리가 같걸랑요!

| 산스크리트어 | 유럽어 | 산스크리트어 | 유럽어 |
|---|---|---|---|
| PITR(아버지) | FATHER | DO, TIN(둘, 셋) | TWO, THREE |
| AGNI(불) | IGNITE | CHAR(넷) | QUATRE |
| ASURA(얼) | SPIRIT | MIDHA(고기) | MEAT |
| VARUNA(천왕성) | URANUS | DYAUS(제우스) | ZEUS |
| BAS(충분한) | BASTA | DYAUS · PITR(주피터) | JUPITER |

역사학자들은 정복자 아리아인이 아일랜드에서 인도까지 자신의 언어를 전파했다고 보았는데, 히틀러는 여기에 착안하여 아리아인이 북유럽인이었다고 우겼다.

우리는 선택받은 인종이야!

하지만 언어적 증거를 인종적으로 해석하는 것은 별로 신빙성이 없다.

아녀?

인도인이 아니라 독일인이 아리아인 이라구??

'소마'라는 그 약물이 정확히 뭐였는지는 아무도 모르지만 거룩한 즙을 마신 아리아의 전사들은 우주에 걸터앉은 듯한 황홀경에 빠졌다!

말을 잡아 제사지낼 수 있는 건 나뿐이야!

그러고 나서 전사는 약탈을 자행하고 전리품을 헤아렸다.

하나, 둘… 우, 머리야…

그가 헤아린 것은 노예나 금이 아니라 소였다.

일흔둘… 에구구…

아리아 군주는 자기가 아끼는 말을 걸핏하면 풀어놓아 사방을 헤집고 돌아다니게 했다.

일 년 동안 군주는 군대를 거느린 채 말을 좇으면서 눈앞에 나타난 마을을 쑥밭으로 만들고 항복을 받아냈다.

말먹이를 가져와!

연말이 되면 말을 잡아서 신에게 바쳤다.

그동안 네 덕 좀 봤다!

그러나 자신의 말이 휩쓴 지역 내의 다른 군주들을 모두 이길 자신이 있어야만 말을 죽일 수 있었다.

와! 저기 말이 또 온다!

따그닥 따그닥

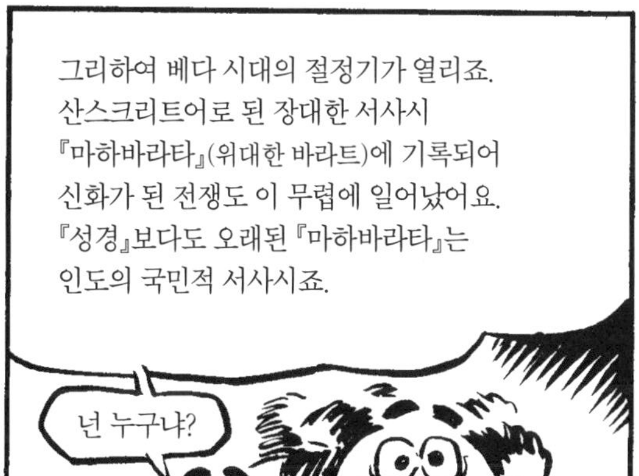

# 마하바라타

왕위를 놓고 싸우는 두 무리의 형제 이야기다.
첫째 무리인 백 명의 카우라바는 모두 드리타라슈트라의
아들이었다. 그는 장님이었기 때문에 왕위에 오르지 못했다.

둘째 무리는 다섯 명의 판다바였는데 그들은 드리타라슈트라의 동생인 판두의 아들이었다. 왕이 된 판두는 사람들의 비난을 견디다 못해 왕위를 포기했다. 판다바 가운데 맏이인 유디슈티라가 나이가 차면 왕위를 이어받도록 되어 있었다.

그러나 카우라바들이 유디슈티라의 목숨을 줄기차게 노렸기 때문에 판다바들은 도피하여 뜨내기 병사로 방랑길에 올랐다. 그들은 결혼 상대를 결정하는 시합에 나갔다가 셋째인 아르주나가 우승을 하여 드라우파디 공주를 얻게 된다.

모친의 명령으로 다섯 형제는 드라우파디와 한꺼번에 결혼을 한다. 결혼을 앞두고 그들은 아르주나의 마부이며 조언자인 크리슈나와 친구가 된다.

큰아버지 드리타라슈트라는 다섯 조카를 초대하여 왕국의 일부를 떼어준다. 그러나 유디슈티라는 앙숙지간인 사촌 두리오다나와 주사위 노름을 하다가 땅을 몽땅 잃는다.

26

 모든 것을 잃게 되자 드라우파디와 다섯 남편은 숲에 들어가 살다가 13년 만에 왕국으로 돌아온다.(그러기로 약속되어 있었다.)
주사위 노름을 다시 한판 벌이자는 요청을 두리오다나가 거절하자 형제들은 싸울 준비를 한다.

마지막 순간, 아르주나는 갈팡질팡한다. 사촌과 큰아버지, 스승을 죽이는 게 옳은 일인가? 그에게 지혜를 주는 크리슈나 신이 용기를 불어넣는다.

 싸움은 18일간 계속되었다. 승리는 판다바 형제에게 돌아갔다. 이 별난 가족은 그 후 행복하게 살다가 히말라야 산맥으로 올라가 신의 반열에 합류했다.

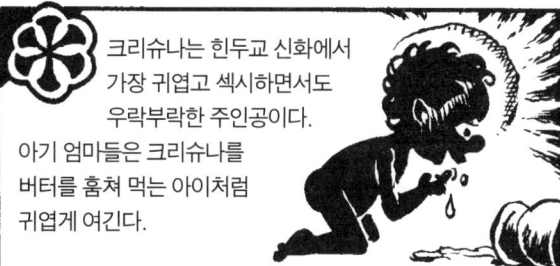 크리슈나는 힌두교 신화에서 가장 귀엽고 섹시하면서도 우락부락한 주인공이다. 아기 엄마들은 크리슈나를 버터를 훔쳐 먹는 아이처럼 귀엽게 여긴다.

 크리슈나는 어린 나이에 벌써 산을 움직였다.

크리슈나의 비장의 무기는 99개의 분신을 만드는 능력이었다. 마음만 먹으면 백 명의 처녀와 춤을 출 수도 있었다!

## 힌두교, 신은 하나다

처음에 아리아인은 새로운 세계를 정복하느라 시간 가는 줄 몰랐다. 그러나 끝없는 순환의 땅 인도를 막상 차지하자 놀라운 각성에 이르렀다.

잠시 생각에 잠겨 있던 브라만 현자는 자기 생각을 밝혔다. 우주에는 브라만이라고 하는 영혼이 있노라.

브라만이 아닌 것을 말하기는 쉬워도 무엇이 브라만인지 말하기는 어려웠다. 그것은 볼 수도 들을 수도 만질 수도 없었다. 좌우지간 집 안에서 찾을 수 있는 물건은 아니었다!

도대체 브라만은 어디 있는가? 미약한 우리 인간이 어떻게 우주만한 영혼의 자취를 느낄 수 있을까? 놀라운 답변을 얻었다.

모든 생명체는 개개인의 영혼을 뜻하는 아트만(숨)을 갖고 있었다. 고로…

거듭 태어나는 영혼의 순환은 또 다른 문제도 해결해 주었다. 바로 고통의 근원이었다.

그렇게 못 먹고 못 입더니… 쯧쯧…

일생 동안 사람이 행한 선행과 악행, 곧 카르마(업)는 저금한 돈과 빌린 돈처럼 영혼의 은행계좌에 차곡차곡 쌓였다.

어디 보자…. 우와! 이 친구는 성자였구나! 이렇게 고마울 데가…

선행을 더 많이 한 사람은 더 좋은 것으로 태어났다.

그러니까 너는 전생에 성자였구나!

악행을 더 많이 한 사람은 나중에 비참한 것으로 태어났다.

댁은 뭐였수?

나는 뭐 중간쯤 못되먹었겠지. 불량식품업자 아니면 만화가….

근질 근질 북북

요컨대, 사람이 고통을 받는 것은 다 전생에 저지른 자기 잘못 탓이었다!! 자업자득이란 소리!

보아하니, 전생에 여자깨나 울렸던 모양이군.

기원전 800년에서 300년 사이에 집대성된 힌두교의 고전『브라흐마나』,『푸라나』,『우파니샤드』에는 이 방대한 업보의 체계가 소상히 분석되어 있다.

좋아, 내 인심 한번 쓰지.『우파니샤드』의 가르침을 들어보라구.

모든 영혼이 하나의 재료로 되어 있다면 신도 하나다. 공식 집계에 따르면 3억 3000만 명에 이르는 이 세상의 모든 신은 사실은 하나의 본질이 변형되어 나타난 모습일 따름이다.
베다의 자연신은 차츰 빛을 잃고 힌두교의 3대 신이 앞으로 나섰다.

←브라흐마 : 우주를 창조했지만 요즘 근황은 어떠신지? (다섯 개의 머리로 아내의 외도를 감시한다.)

자기? 여보? 자기?

전에 만화책 빌려준 거 다 봤어?

시바 : 춤으로 모든 것을 → 파괴하고 짜부라뜨려 브라흐마에게 새출발의 기회를 준다.

비슈누 : 그때그때 사정에 맞춰 사람이나 사람 비슷한 모습을 하고 지상에 내려와 우주를 지킨다.

시바 신은 파괴적인 면이 있지만 곡식을 자라게 하는 생식의 신이기도 했다. 시바를 모신 사원 어디에나 남근상이 있다.

남근처럼 보이려고 시바의 머리를 높이 쌓아올렸다는 설도 있다.

물론, 서양 종교에서는 큰일날 소리다.

섹스라고? 어디? 말세로다!!

옛날 아리아인의 낙천주의는 비관주의와 체념으로 가라앉는다.

전에는 바라는 게 있으면 말 한 마디만 처리하면 됐어! 이제는… 아예 바라지를 말라니…

문둥이, 거지, 가난뱅이를 뭐하러 동정하나? 다 자기들 업보인데!

이 끝없는 윤회의 고리도 골칫거리라구. 죽고 죽고 또 죽고 싶어하는 사람이 어디 있냐고!

구도자는 안 해본 일이 없었다. 이제 단 하나만이 남았다.
고타마는 49일 동안 온갖 악마에 시달리면서 명상에 잠겼다.

그리하여, 마침내, 깨달음을 얻었다!!

이제 붓다의 이야기로 돌아가자.
마하비라의 극단적 자기부정과는 달리
붓다는 절제를 강조했다.
그것은 혁명적 발상이었다.

절제라고?
지금 그것도 종교라는 거야?

글쎄…

붓다는 강론에서 고통의 뿌리와 절제를 통해
거기서 벗어날 수 있는 길을 제시했다.

절제라! 난 그렇겐 못 살아!

기도 안 막혀!

모든 고통이나 불행은 우리가
쾌락을 바랄 때 생긴다고 붓다는 말했다.

우리가 쾌락에 매여 있기 때문이다.
우리는 쾌락을 바란다.
그 욕구가 불행을 낳는다.

잉? 허! 뭐라?

그대는 게임기나 휴대폰이 없어서 불행한 것이
아니라 그것을 원하기 때문에 불행하다.

원하는 걸 손에 넣는다고 문제가
해결되는 건 아니지. 인간의 물욕은 끝이
없기 때문이다.

따라서 우리는 모든 욕망을 버려야 한다.

욕망을 버려라?
지당한 말씀!

여기까지는 힌두교와 다르지 않았다. 그러나 해탈을 위한 붓다의 처방은 독특했다. 그는 극단성을 경계했다. 지나친 쾌락도 헛되지만 지나친 자기부정도 무익하다는 것이다.

붓다의 가르침은 8정도 곧 여덟 가지 바른 길에 있다.

1. 바르게 본다.
2. 바르게 생각한다.
3. 바르게 말한다.
4. 바르게 쌓는다.
5. 바르게 산다.
6. 바르게 나아간다.
7. 바르게 살핀다.
8. 바르게 가라앉힌다.

버리는 것을 버리라고?

욕망이 고통을 낳는 데는 더 깊은 원인이 있다고 붓다는 말한다. 현실이란 미망, 곧 우리의 마음과 감각이 만들어낸 일종의 환상이다. 환각을 부둥켜안으면 고통밖에 더 오겠는가?

붓다는 우주는 끊임없이 변한다고 믿었다. 우주는 늘 태어나는 과정에 있으며 영원한 것은 없다.

내 말을 이해 못하는 사람은 양자물리학도 포기해야지.

불멸의 영혼? 꿈도 꾸지 마라! 부활? 웃기지 마라! 카르마? 헛소리 마!! 기타 등등….

신은요?

진짜 황당무계한 소리지!!

중용 말고는 없다! 못을 박은 침대도, 고통스러운 자세도, 단식도, 그럼 불교 승려가 끝내 거부해야 할 것은 없단 말인가?

그야 있지. 여자. 여자만은 절대 품어선 안 돼.

그나마 다행이로세.

붓다는 욕망의 포기를 강조했지만 세상을 포기하지는 않았다. 그는 40년 동안 여행하고 강론하고 자기의 조직을 세웠다.

가자, 세상 속으로!

마하비라도 비슷한 활동을 했다.

앞으로 가, 잠깐! 방금 누가 모기 잡았지?

하지만 그들의 죽음은 대조적이었다. 마하비라는 단식 끝에 72세에 눈감았다.

못 말려!

반면에 붓다는 80세에 식중독으로 열반에 들었다. (기원전 487년)

끄윽!

혹시 과식한 건 아닌가?

붓다의 가르침은 당시의 많은 관습을 부정했다. 불교도는 생명을 희생시키지 않고 그저 기도하고 명상하고 성소 주위를 맴돌았다.

여봐! 방향이 틀렸어!
미안해. 이교도야.

승려들은 내핍과 금욕은 맹세하되 복종을 다짐할 필요는 없었다. 중요한 문제가 생기면 절차에 따라 모여서 토론을 했다.

기존 관습으로 볼 때 가장 파격적인 것은 불교에 귀의한 사람은 계층에 상관없이 한솥밥을 먹었다는 것이다.

이래도 돼? 나 몰라.
된대잖아.

두 사람의 가르침은 제도화되었다. 자이나교는 마하비라가 정한 순수하고 엄격한 가르침을 고수했다.

단 하나, 사제들이 알몸으로 다니는 공의파와 약간의 실용성을 추구한 백의파로 갈라졌다. 그것은 사소한 차이였다. 둘은 복장을 제외하고는 이견이 없었다.

왜 안 바꿔요?

어르신께서 우리의 일거수일투족을 감시하고 계시거든.

허…. 세상 말세로고.

현재 인도에는 200만여 명의 자이나교도가 있는데 그중에는 재산가도 적지 않다.

그러고도 아직 해탈파인가?

암. 지금처럼 불안한 세상에서는 제아무리 공의파라도 옷을 입어야 한다고.

반면에 불교도는 붓다의 가르침 안에 초자연적 존재를 수없이 덧붙였다.

봐도 봐도 끝이 없다구!

그들은 재물과 권세를 가진 사람에게도 붓다의 말씀을 전하려고 했다.

재물을 주체하지 못하시는군요, 폐하! 그런 건 우리처럼 절도 있는 사람들한테 넘기시죠.

그러나 그들은 수많은 인도의 종파 가운데 하나일 뿐이었다.

우리 답이 맞다고!

그럼 우리도 맞아!

기원전 500년 이후 인도에는 불교와 자이나교 말고도 대중의 지지와 권력자의 비호를 얻기 위해 자기를 내세우고 상대방을 비방하는 종파가 수두룩했다.

다음!

마하비라와 함께 탁발에 나섰던 친구가 세운 아지비카교는 자이나교와 비슷했다. 두 사람은 틀림없이 말다툼 끝에 갈라섰을 것이다.

네 생각은 죄다 나한테서 훔친 거야!

좌우간 지금은 내 거라구!

물질 세계만을 믿는 유물론자도 있었다. 그들은 다른 종교에서 떠드는 영적 세계야말로 환상이라고 보았다.

'영적 세계'는 지배자가 백성을 겁주어 굴복시키려고 날조한 것일 뿐이다!

유물론자는 정부의 지원을 받지 못해 결국은 사그라지고 말았다.

이봐! 우린 사람을 겁주어 굴복시키는 게 취미라구. 불만 있어?

알겠습다!

그리고 다양한 요가의 종파가 있었다. 호흡과 명상을 중시한 종파가 있는가 하면…

색소폰주자여, 나를 따르라!

선행을 강조한 종파도 있었고…

가난한 사람을 돕는다든지?

아니… 나으리들께 선물을 바친다든지….

뒤틀린 자세를 선호하는 종파도 있었으며…

사람 살려!

탄트라는 섹스를 철두철미 파고들었다!

자, 133번 체위.

모든 종파는 4년마다 인도에서 가장 신성한 갠지스 강과 줌나 강이 만나는 곳에 모였다. 쿰브 멜라라는 이 대축제는 지금까지 이어지고 있다. 종교의 나라 인도의 관대하고 넉넉한 다양성을 이곳에서 만끽할 수 있다.(소 떼에 휩쓸리지 않도록 주의할 것!)

내가 자네보다 신성하다니까!

야, 뭐라고?

내가 자네보다 신성하다고!

난 또 소보다 신성하다는 줄로 알았지 뭐얌.

붓다의 영향으로 아힘사 (비폭력) 사상은 인도의 모든 종교에 파급되었다. 따라서 동물을 해쳐서는 안 되고, 고기를 먹어서는 안 되며, 가죽구두를 신어서도 안 되었다.

구두? 돈이 있어야 신든지 말든지 하지?

힌두교에서 비폭력의 완전한 상징은 더없이 순한 소였다.

사실, 우리는 한을 안으로 삭일 뿐이라구요.

그러나 오늘날 힌두교의 호전적 세력은 소를 보호한다는 구실 아래 이슬람교도에게 폭력을 휘두른다.

토끼자! 비폭력파가 몰려온다!

## 황금시대 마우리아 제국

기원전 328년 마케도니아의 알렉산드로스 대왕이 보무도 당당히 인도 정복에 나섰을 때, 인도는 이처럼 복잡한 역사를 가진 광대한 땅이었다.

인도는 모기를 쫓는 코끼리처럼 알렉산드로스를 단방에 날려버렸다.

그러나 알렉산드로스의 턱없는 만용을 우러러본 인도의 군주가 적어도 한 명은 있었다. 그 이름은 찬드라굽타 마우리아였다.

알렉산드로스가 물러난 뒤 찬드라굽타는 인도를 휩쓸어 마우리아 제국을 건설하고 도읍을 파탈리푸트라(지금의 파트나)에 두었다.

기원전 6세기 다리우스에게 정복당한 북인도는 페르시아 제국(1권 6부 참조)의 영향권에 들어가는데 천 개의 기둥(기둥이 페르시아 양식이다)이 있는 궁전도 이때 세워졌다.

기원전 300년 알렉산드로스가 페르시아를 정복했을 때 인도인은 그리스 조각을 접하게 되었다.

한때 북인도의 간다라파는 그리스 조각을 모방했지만 오래가지는 못했다.

아소카는 바로 불교도가 되었고 채식주의자가 되었다.
고기만 보면, 그때 생각이…. 우웩!

왕은 비폭력을 국시로 삼았다.
안 지키는 놈은 죽을 줄 알아!

국법을 만들어 제국 전역의 화강암에 새겨놓았다. 사르나트에 있는 아소카 기둥의 네 마리 사자상은 현대 인도의 국장이다.
사방을 노리는 맹수? 그게 비폭력이라구?

아소카 왕은 독실한 불교도였다. 물론 그 당시에도 공권력·감옥·탐관오리는 있었지만 그래도 아소카 시대는 평화와 번영을 구가한 황금시대로 지금껏 기억되고 있다.

채식주의자는 진짜 덜 폭력적인가요?
소시지만 안 보여주면….

마우리아 왕조 때 조정에선 힌두교 성전으로 해결되지 않는 일상적 문제의 해결을 학자에게 위촉했다.

공권력·첩자·세리를 거느리고 황금시대를 구가할 수 있는 방안을 강구하도록.

학자들은 성전을 통일하고 일부 고전을 저술했다. 통치론인 『아르타샤스트라』, 산스크리트어 『문법』, 성교본서 『카마수트라』가 이때 쓰였다.

카마수트라 집필진이 연구하러 가는구나.

그러나 『베다』 같은 종교적 고전은 아직도 입에서 입으로 전해졌다.

따라해, 임마. '안 쓰는 머리는 있으나마나다!' 글은 필요없다구!
알겠어!
머리 쓰다가 저도 대머리 될까봐.

불교의 대약진에도
불구하고 힌두교의
관습은 뿌리깊었다.
전통신, 브라만의 권위,
특히 카스트 제도는
완강하게 남아 있었다.

카스트는 25쪽에서 언급한 아리아인의 사회계층과 같지 않다. 카스트는 좀더 작았다. 씨족처럼…. 그리고 한 카스트 안에서는 누구나 같은 일을 했다. 전통적으로 인도에서 사람의 이름은 그의 태생과 직업을 말해준다.

카스트 안에서는 격식을 따지지 않았다. 그러나 카스트 사이의 관계는 형식적이고 조심스러웠으며 불신에 찬 것이었다. 음식을 받을 때도 상대가 어떤 카스트인가를 따졌다.

괜찮아, 어미다!

자기보다 낮은 카스트를 보기만 해도 브라만 계층은 부정 탔다며 기겁을 했다.

다음번에는 소리를 질러. 그래야 내가 피해 가지!

브라만이 자기보다 낮은 카스트를 죽이면 처벌은 손목 맞기였다.

치기 전에 잠깐, 너도 브라만이냐?

그러나 브라만을 죽이는 것은 소를 죽이는 것 못지않게 몹쓸 일이었다!

봐, 브라만이 쓴 『법전』에 나와 있지….

그럼 카스트 안에서 여자의 지위는?

어머니는 물론 무시 못했다. 마음의 고향이니까!

딸은 애물단지였다. 딸을 시집보낼 때는 예물을 한가득 싸 보내야 했다. 딸부자는 허리가 휘었다!

아내는 남편의 이름을 부를 수 없었고, 남편을 똑바로 보아서도 안 되었고, 옆에서 걷지도 못했다!

과부는 재수없는 여자로 손가락질 받았다.

남편이 화장되는 불길로 뛰어드는 여자가 최고 점수를 얻었다.

(예외도 있었다. 인도 남부에서 총리직에 오른 과부가 최소한 한 명 있다. 물론 드물었지만….)

『바가바드기타』, 곧 '신의 노래'의 지은이는 골수 크리슈나파의 일원이었던 듯. 고대 인도의 여타 작품이 그렇듯 이 종교시도 언제 쓰였는지 알 수 없어요.

이 시는 『마하바라타』에 나와 있지만 후대에 쓰였다가 대서사시 안에 샌드위치처럼 삽입되었다는 것이 역사가들의 중론이라우.

최종 결판을 앞두고 전사 아르주나가 갈팡질팡하는 장면(27쪽)으로 돌아가자.

사촌을 죽여도 되나요?

『기타』는 크리슈나의 작은 격려사다.

그럼….

크리슈나는 누구나 자기의 본분과 법대로 행동해야 한다고 못박는다. 고민은 부질없다. 붓다처럼 크리슈나도 모든 것은 미망임을 설파한다. 예컨대, 죽음도….

도대체 누가 죽는다는 거야?

그러자 아르주나는 진짜로 있는 것은 무어냐고 묻는다. 진짜로 진짜가 뭐냐? 여기서 크리슈나의 답변은 붓다와 달라진다.

진짜 알고 싶냐?

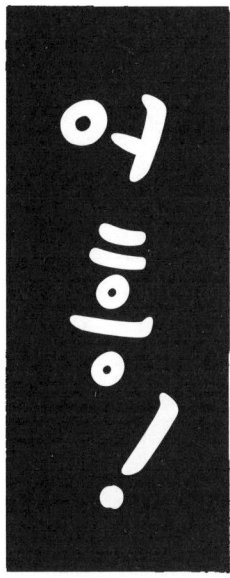  

크리슈나의 말은 맡은 일을 기꺼이 즐거운 마음으로 행해야 한다는 것이다. 말은 좋았지만… 카스트 제도의 공공연한 합리화 의도도 그 안에 배어 있었다. 삐딱한 질문 던질 생각 말고 네 일이나 하라는!

아르주나는 그 충고대로 학살을 감행했다.

힌두 신화에 따르면 크리슈나는 사실 사람 모습을 한 비슈누 신이다. 비슈누는 세상을 돕기 위해 아홉 번이나 몸으로 변했다.

살 붙어라, 뚝딱!

비슈누의 나머지 몸, 곧 아바타라 중에는 사자인간, 돼지, 심지어는 붓다도 있었다!

| 물고기 | 거북 | 돼지 |
| 사자인간 | 난쟁이 | 도끼 든 브라만 |
| 라마 영웅 | 크리슈나 | 붓다 |

힌두교에서는 거짓됨을 널리 알려 사람을 깨우치기 위해 붓다가 세상에 왔다고 본다.

2000년 전 히말라야 산맥에서 싹튼 생각은 수없이 많은 믿음과 전통과 관습으로 인도에서 갈라졌다.

한편 기원전 202년 히말라야 저 너머에서는 또 다른 거대 제국이 세워졌다.

동쪽 사람은 이제 서쪽으로 길을 텄다. 불교가 그들의 귀에 들어갔다.
서기 65년경 황제는 꿈에서 황금 불상을 보고, 인도로 사람을 보내 불전을 입수하여
거대한 산맥과 초원을 지나 중국으로 가져오라는 특명을 내렸다.

황하의 기름진 옥토에
오두막 짓고, 농사를 지었다.
야생 돼지를 길들였으며
노래를 부르고,
북을 두드리고,
세상이 변하는 이치를
엿보기 위해 향로에
재를 피웠다.

# 삼황오제

농사와 불을 발명한 사람들은 건너뛰고 이제 후세 사람들에게 진정한 추앙을 받은 두 성군 요임금과 순임금으로 넘어간다.

순임금이 후임자를 물었을 때 떠오른 사람은 홍수를 잘 다스리던 우였다. 우는 중국판 노아(구약의 등장인물)였다. 그러나 방주를 타고 도망간 노아와는 달리 우는 둑과 도랑, 물길을 만들고 강바닥의 흙을 파올려 치수사업을 벌였다.

젖으면 안 돼! 비단에 물이 닿으면 큰일이라구!

우는 측량사업에도 심혈을 기울여 중국 국토를 산줄기를 따라 아홉 개의 지역으로 나누었다.

☆⊙#$!? 올 것이 왔구나!

또 영토를 바둑판처럼 나누어 한복판을 널찍하게 왕의 거처로 삼고 죄인은 변방으로 몰아냈다.

요·순·우 전설이 흥미로운 것은 그 연대가 석기 시대로까지 거슬러올라간다는 사실이죠!

이 시대(기원전 2500년경)의 유적을 파보면 서구 문명의 여명기에 나타나는 문자나 금속의 양은 그리 많지 않다.

그 대신 단단히 다진 거대한 흙벽이 발견되는데, 이것은 기술 수준이 낮은 거대한 사회조직이 있었음을 말해준다.

해 뜨면 일어나고, 해 지면 드러눕네. 우물 파서 물 마시고, 밭을 갈고 밥을 먹네. 황제가 힘세다지만, 지가 세면 얼마나 셀거야?*

* 땅을 치며 태평성태를 노래한 요 임금 때의 「격양가」

흙담은 거대한 집을 둘러싸고 있었다. 점차 집중되는 권력은 불평등을 낳았다!

출토되는 금속은 대개가 화살촉이다. 이는 대외적 조직폭력이 이루어졌음을 뜻한다.

사람을 제물로 바쳤던 흔적도 있다. 이는 요·순·우 시대에 대내적 조직폭력이 이루어졌음을 뜻한다!!

아직도 순이 버티고 있는가?

아니, 요!

여자를 발 딛고 선 남자가 권력을 독차지했다고 보아야 한다.

전설에 따르면 가부장제를 확립한 사람은 복희씨다. 그는 동성동본 사이의 결혼을 금했다.

그러나 기존의 관습은 뿌리깊었다. 요와 순은 모두 모계 조상을 섬겼다.

순이 요의 딸과 결혼했다는 데 주목할 필요가 있다. 세습되는 것은 왕권이 아니라 여왕권이었다. 고대 이집트처럼 왕이 되려면 왕족에게 장가를 들어야 했다.

고대 이집트에서 야심만만한 왕자는 자기 누이와 결혼을 했다. 그럼 요의 아내는 누구였을까? 영원한 미궁이다.

그러나 이집트와는 달리 중국에서 모계 세습의 전통은 곧 사라졌다. 기원전 2200년경부터 왕위는 왕의 아들이 계승했다.

중국의 가족구조는 4000년 이상 변함없이 이어져 왔다. 그야말로 장구하고 끈질긴 구조인 셈이다.

나이를 먹을수록 떠받듦을 받았다.

평생 받들어 모시던 부모님이 세상을 뜨면 자식은 하늘이 무너지는 느낌이었으리라. 3년상을 치르는 것은 보통이었다.

최초의 왕조가 시작되었다.
한 가부장제 집안이
또 다른 가부장제 집안의
충성을 다짐받고,
그 집안이 또 다른 집안을
위협하는 식이었다.

어렵구먼!

반역죄를 저지르면
그 죄인의 집안 전체가
몰살당했다!!

다음!

제삿밥이라도 먹을 수 있을까?

바랄 걸 바라야지. 힘도 없는 집안에서 제사는 무슨…

예로부터 중국의 형법은 다섯 가지 처벌을 못박았다. 얼굴에 낙인 찍기, 코 베어내기, 발 자르기, 거세, 사형이었다.

코를 자를래, 아니면 우락부락한 역도 선수들과 같은 감방에 갇힐래?

처형은 장터에서 이루어졌는데, 그것은 어쩌면 경제를 활성화하기 위해서였는지도 모른다.

댁은 뭘 파우?

돼지코.

## 갑골의 나라, 상

상은 무력으로 세워졌다. 탕공이 주저하는 군사를 이끌고 중국의 하나뿐인 왕가에 창끝을 겨누었다.

"황족을 타도합시다! 지는 오직 애국하는 마음 하나로 눌변을 무릅쓰고 이렇게 나섰습니다!"

황제의 군사는 꽁무니를 뺐고 탕은 승리를 거두었다.

"악!"
"얍!"

영지를 받는 사람들이 달라졌을 뿐 제도는 바뀌지 않았다.

"방 빼!"

상나라 때 중국 최초로 청동이 등장한다. 중국인이 어떻게 쇠붙이를 녹이고 뜨는 법을 터득했는지는 모르지만, 하여튼 그 솜씨가 기막히게 탁월했다.

이 그릇에는 중국 최초의 문자도 새겨져 있다.

거북의 배딱지(갑골)에 새겨진 문자도 있다.

상나라 때에는 점쟁이를 찾아가 고민거리를 풀었다. 점쟁이의 스승은 거북이었다.

점쟁이는 거북의 껍질을 태워 신령님을 불렀다.

그가 적어 놓은 점괘는 상 시대에 관한 값진 정보를 우리에게 제공한다.

왜 나만 갖고 그러는 거야!

이번엔 거북 수프!

다른 고대문자처럼 중국의 문자도 상형문자였다.
하나의 문자는 하나의 생각, 하나의 단어를 나타냈다.
시간이 흐르면서 그 형상은 고도로 양식화되었지만 그 기본꼴은 오늘날까지 남아 있다.

곡식

서쪽

이 복잡한 문자는 놀라운 장점이 있다. 의미를 암호화한 문자이기에 아주 다른 사투리를 쓰는 중국인끼리도 서로의 글을 이해할 수 있었다. 서구인과 달리 중국인은 옛날 책도 술술 읽는다.

17세기에 중국에 온 서구인은 중국어에 알파벳 체계를 도입하자고 했지만 중국인은 도리어 서구어가 중국식 표기법을 받아들여야 한다고 주장했다. 그래야 중국인이 서양책을 제대로 읽을 수 있으니까!

생각해봤수? 차라리 서로 모르고 지내는 게 낫겠소!

상의 황제들은
도읍을 여러 번 옮겼다.
역사책을 봐도 원인은 모른다.
궁전을 넓히고 싶어서였을까?
위생시설에 문제가
있어서였을까?

아니야!

아니면 북방 이민족의
침입 때문이었을까?

둥둥
둥둥둥

아그그!
세상에나!

좌우지간 이사를 갔다!

기원전 1300년경 마지막으로
천도를 한 뒤 상은
이름을 은으로 바꾸었다.

가명을 썼으니 이제는
못 알아보겠지.

그러구러… 왕이 바뀌고… 계절이 바뀌었다.

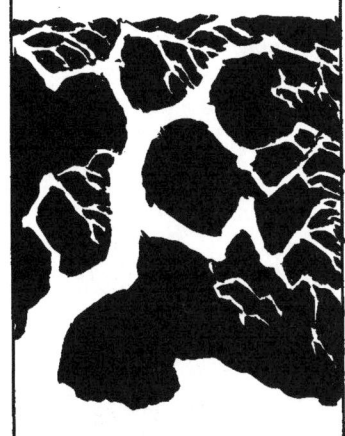

그러다가 기원전 1150년경 폭군 주가 왕위에 올랐다. 상아 젓가락을 사용하여 코끼리 사회를 놀라게 한 장본인이다.

젓가락이 더럽구만! 코끼리 한 놈 죽여!

주는 정원을 만들어 애첩과 환락을 즐겼는데 그에 불만을 털어놓은 신하를 토막내 죽였다.

이건 무슨 요리야, 자기?

흰콩을 섞은 신하 저밈.

또 한 명의 신하, 서백은 죽은 동료를 동정했다고 옥에 갇혀서 울분 속에서 책을 썼다.

이대로 갈 수는 없지…

이것이 우주의 변화를 서술한 『주역』이란 책이다. 동전을 던져 복희씨의 8괘 중 2개를 짝짓는다는 간단한 원리다.

이 상징부호를 모호하고 마술적인 언어로 해석하면 현재와 미래의 일을 족집게처럼 맞출 수 있다는 것이다.

이 무늬는 확실하고 올바른 결과가 나온다는 뜻인데, 소를 기르면 좋다는 소리렷다.

좋았어.

『주역』은 세계에서 가장 오래된 베스트셀러. 요즘 작가들처럼 토크쇼에 나와서 책 선전을 하지 않았는데도 말이다.

누가 나왔어?

사랑에 빠진 난쟁이, 《플레이보이》에 실린 레즈비언 누드 모델, 시시한 책을 쓴 녀석….

## 주와 봉건제도

쾌락만을 탐닉해도 질기게 이어지는 제국이 역사에는 종종 등장하지만 상은 서백 앞에 무너졌다.

중국의 처음 세 왕조 중에서 주는 가장 크고 강대했다.
그러나 막강한 주도 북방 이민족을 막아내기에는
역부족이었다!!

아악!

기원전 770년, 주의 왕은 도읍을 옮겼다.

헛둘! 셋넷! 헉헉!

나라는 점차 기울고 이름만 남은
황제는 남쪽만 바라보면서
가물에 콩나듯 찾아오는 사이비
신하만 하염없이 기다렸다.
중국 역사는 새로운 시대로
접어들었다.

오늘 나
찾아온 손님
없었어?

# 춘추시대 (춘추의 뜻은 뒤에 설명한다!)

주가 기울자 귀족들은 아메바처럼 분열되었다. 중국은 작은 나라들로 수없이 쪼개졌다. 한때는 그 숫자가 1000개에 이르렀다.

간단한 수학 계산만으로도, 나라가 1000개면 끼리끼리 뭉칠 수 있는 경우의 수가 $\frac{1}{2}(1000 \times 999) = 499500$가지나 된다. 한마디로 요지경 속이었다.

그러니까, 내가 조놈이랑 붙는 동안 너는 저놈이랑 붙고, 그런 다음 나는 너랑 붙고 그동안 쟤는….

그래도 예의범절은 깍듯했다! 기원전 638년 송나라 왕*은 다리를 건너던 적군을 공격하지 않았다.

스포츠맨십에 어긋나니까!

*"나는 송나라 왕이 아니네." —마오쩌둥

또 기원전 594년 도시를 포위하고 있던 조나라 왕은 정탐을 위해 군사대신을 보냈다. 군사대신은 성벽에서 적편 군사대신과 만났다.

우린 아이까지 잡아먹을 참이오, 댁은?

피장파장이지 뭘.

결국 조나라는 물러갔다.

적군이 비실거리는 틈을 타서 쓸어버리는 것이….

예끼놈!

그러나 옛 제국의 변방에는 이웃나라를 닥치는 대로 집어삼키는 진처럼 돼먹지 못한 신생 국가도 있었다!

어딜 가나? 부상병은 안 죽인다니까! 그건 상식이야!

밥그릇 싸움이 불붙으면서 예의범절은 사그라지기 시작했으니…

그런 세상에서 사느니 차라리 이대로 죽으련다.

나라가 1000개나 있다 보니 별별 이야기가 다 있는데, 가령 정나라 왕비의 일화도 재미있다. 그 여자는 엄마의 단잠을 깨우고 세상에 태어났다는 이유로 장남을 미워했다.

엄마는 차남을 편애했고 당연히 집안 싸움이 일어났다.

왕위에 오른 장남은 엄마를 옥에 가둔 뒤 눈에 흙이 들어가기 전에는 엄마를 안 보겠다고 맹세했다.

왕은 뒤늦게 후회했지만 자기가 한 맹세도 있고 하여 엄마의 감방으로 땅굴을 파고 가서 그 뒤로 오순도순 살았다고 한다!

다시 정치로 돌아가자. 기원전 450년경 진·초·조·제·한·위·연 등 일곱 나라, 즉 칠웅이 중국을 분할하여 끝없이 싸움을 벌였다. 각지에 도둑이 들끓어 민심은 도탄에 빠졌다. 출구 없는 암울한 세월이었다.

# 도, 제자백가의 한길

그 시련은 누구에게나 닥친 것일까?
기원전 600년에서 400년 사이에 탈레스와 소크라테스는 그리스에서 사색했고, 붓다는 인도를 주름잡았고, 이스라엘의 선지자는 설교했으며, 중국에서는 제자백가가 저마다 도를 추구했다.

도란 무엇인가?
중국어로 타오라고 하는 도는 단순히 길을 의미하기도 하지만, 살아가는 방법, 다스리는 방법, 때로는 우주의 신비하고 불가해한 순리를 뜻하는 말이었다.
중국 최초의 철학자이며 도가의 창시자인 노자에게는 이 모두가 동일한 길이었다.

시대적 격랑과 전란에 대한 노자의 대응은 흐름을 따르는 것이었다.
전문용어로는 이를 무위(행하지 않음)라고 했다.
도에 거스르는 행위를 하지 말고… 자연을 숙고한다….
말을 좇지 않고… 마음의 평정에 힘쓴다….
사회철학이라고도 부를 수 있는 노자의 가르침은,
폭력은 악이며, 최선의 통치는 자비도 무력도 아닌,
있는 듯 없는 듯 다스리는 것이라고
요약할 수 있다.

# 공자 (기원전 551~479년)

공자는 중국 역사상 가장 중요한 철학자, 가장 중요한 인물이리라. 거인 중의 거인이라고나 할까.

노자와 달리 공자의 생각은 현세적이었다. 그에게 도란 바르게 행함을 뜻했다. 그는 소싯적부터 정리정돈을 잘했다.

공자는 노라는 작은 나라에서 태어났다. 노는 덩치 큰 주변 나라들과 우호적으로 지냈는데 그중 제나라만이 위압적이었다.

노나라에도 왕은 있었지만 실권은 계손(나라 이름과는 관계없음) 씨 문중이 쥐고 있었다. 젊은 공자는 계손 씨 집안의 잔치에 가서도 문전박대를 당했다.

젊은 공자는 계손 씨 집안의 마구간 관리를 맡았고, 능력을 인정받아 왕을 만나게 된다.

왕의 측근이 된 공자는 계손 씨 문중의 탐욕을 버려야 한다고 주장한다.

공자는 계손 씨 집안의 미움을 사게 되었다.

노나라의 정치는 뒤죽박죽이었다. 늙은 왕은 죽고 재상도 죽었다. 귀족 가문은 다투기에 바빴다. 제나라 왕이 노나라로 쳐들어왔다. 젊은 노나라 왕은 재상의 아들과 화해하고, 공자를 판관으로, 이어 법무대신으로 앉힌 다음, 나중에는 재상 서리에 임명했다. 당시 공자의 나이 쉰하나 아니면 둘이었다.

이제 공자는 자기의 사상을 실천에 옮길 수 있었다. 어떤 사상이었을까?

첫째, '직위의 조정'이다. 조직표를 만들어 위아래를 분명히 정하고 완벽한 질서와 예의범절*을 갖추도록 했다.

둘째, 완벽한 의례다. 공자는 초월적 문제는 등한시했지만 경우에 어긋나는 일은 눈뜨고 못 보는 성미였다. 왕에게 맞는 의례, 귀족에게 맞는 의례 등등을 꼬치꼬치 따지고 들었다.

제씨 가문 같은 졸부를 위한 의례도 있지롱!

셋째, 완벽한 음악과 무용이다. 공자는 중국의 전래 음악을 면밀히 연구하여 쓰임새 있는 음악을 추려 모았다.

랩은 안 좋아하던가?

❋ 공자의 행동 강령(『논어』에서 발췌)

임금의 부름을 받았을 때는 어리둥절한 표정을 짓다가 슬며시 무릎을 굽힌다.

궁궐 문을 들어설 때는 몸을 움츠린다.

연단에 올라설 때는 헛기침을 하고 배에 힘을 준다.

물러날 때는 안도감과 만족감을 나타낸다.

동료를 축하할 때는 오른손을 왼쪽 어깨에 얹는다. 아주 점잖게….

맛난 음식이 나왔을 때는 반색을 하면서 벌떡 일어난다.

잠자리에서는 시체처럼 드러눕지 않는다.

공자 이후 가장 이름 있는 학자는 맹자였다. 늘 권력을 좇았던 공자와는 달리 맹자는 수많은 제자를 거느리고 각지를 떠돌면서 입바른 소리 하는 것으로 만족했다.(일자리에 신경 쓰지 않으니 마음 놓고 할 말을 했다!)

모욕은 감수하겠소만, 국물도 없는 줄 아시오, 맹 선생!

순자도 있다. 그는 초자연적 존재를 부정하고 인간사의 원인을 인간에서 찾았다.

하늘이 뭔지는 하늘도 모른다!

그러나 당시에 가장 영향력 있던 사상가는 묵자였다. 그는 무차별적 사랑을 강조했다.

예수님보다 400년 앞섰지!

정말?

묵가는 또 검소와 검약을 역설하여, 의례를 강조하는 유가와 마찰을 빚기도 했다.

돈이 썩어났나, 저런 장례식을 벌이게?

예끼!

조상이 무섭지 않으냐?

묵가는 큰 조직체를 세웠지만 통치 이념으로 수용되지는 못했다.

사랑, 조오치! 그런데 거기서 밥이 나오나, 쌀이 나오나?

사람을 죽일 땐 죽이더라도, 사랑한다는 그 말이 그렇게 하기 어려운가?

으! 그렇게 심한 말을….

그리고 마지막으로, 만화가의 철학 스승 장자가 있다. 허울을 벗기는 장자의 비판적 정신은 한 마디로 요약되니…

어쩌라구?

장자는 자기 생각을 우화에 담았다. 가령 백정의 칼솜씨에 반한 왕의 이야기가 그렇다.
백정은 왕에게 말한다. "소인은 고기를 자르는 게 아닙니다. 다만 두껍지 않은 날을 고깃점과 고깃점 사이의 틈새에다 넣습지요. 그렇게 한 칼로 자그마치 열아홉 해를 버텨 왔습니다."

와! 사형집행인한테 알려야겠네!

장자는 공자가 태어난 노나라를 찾았다. 임금이 말했다. "여기 공자의 제자는 많으나 당신을 따르는 사람은 없소이다!"

장자가 대꾸하기를,

점잖게 차려입은 사람은 많으나 저들이 진짜 공자의 가르침을 따를까요?

공자의 가르침을 따르지 않으면서 옷만 번지르르하게 입는 자는 사형에 처한다는 분부를 내리십시오.

허, 그럴듯하이.

왕의 분부가 떨어졌다.

닷새가 지나자 한 늙은 유가를 빼놓고 모두들 옷을 벗어던졌다.

장자의 예상은 적중했다!

보셨죠? 노나라에는 공자의 제자가 딱 한 사람이라니깐요!

주저리 주저리

한 사람이 장자에게 말했다.

내게 큰 나무가 있소. 줄기에 옹이가 지고 가지가 뒤틀려서 도대체 거들떠보려는 목수가 없소. 크지만 쓸모없다는 당신 말이 꼭 맞아요.

장자가 대꾸했다.

나무가 크지만 쓸모없어서 속상하다는 거요? 그럼 나무 그늘에서 낮잠이라도 자면 되지 않소!

장자는 참선의 선구자였다.

쓸모없긴 뭐가 쓸모없어?

## 아들을 왕으로 만든 여불위 이야기

기원전 271년 진나라의 험준한 산악지대로 접어드는 관문인 함곡관을 사람들이 넘고 있었다.
마차의 짐 속에는 범수라는 도망자가 숨어 있었다.

위나라 고위 관리의 보좌관으로 있던 범수는 반역죄인으로 몰렸다.

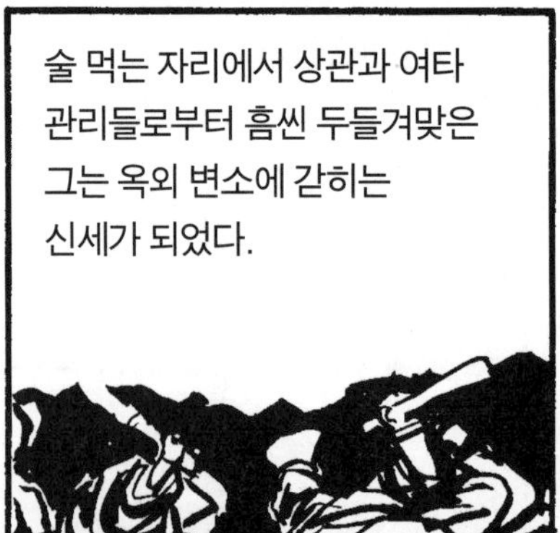

술 먹는 자리에서 상관과 여타 관리들로부터 흠씬 두들겨맞은 그는 옥외 변소에 갇히는 신세가 되었다.

점잖은 사람도 술이 들어가면 해괴한 짓을 벌인다.

이봐, 다들 모여봐! 여기다 오줌을 누자구!

범수는 너무 많은 잘못을 저지르기 전에 미리 물러설 줄 아는 지혜가 있었다. 덕분에 목이 잘리는 일 없이 여생을 무사히 보냈다.

소왕은 권좌를 오래 지켰으나, 조정에서는 후계자를 걱정하기 시작했다.

서열 일순위는 이팔청춘과는 거리가 먼 안국공이었다.

저 양반도 갈 때가 되었는데.

안국공이 아끼는 화양 부인에게는 아들이 없었다.

걱정스러운 노릇이었다! 다른 부인의 아들이 왕위에 오르면 화양 부인과 친정집의 앞날이 위태로울지 몰랐다.

이를 어쩔꼬!

그때 지구 역사상 가장 과감한 사업가 여불위가 투자선을 물색하고 있었다!

진으로 돌아온 여불위는 화양 부인의 언니에게 선물을 안겼다.

자초 어른이 보내셨습니다요.

자… 뭐시기?

그는 볼모로 잡혀 있던 자초를 잔뜩 추어올렸다.

사람이 어찌나 예의 바른지, 큰어머니 생각을 끔찍이 하더군입쇼. 화양 부인께서 자식이 없으니 이를 어쩔꼬, 자나깨나 그 걱정이지요.

그래서, 제 생각인데…

자매 사이에 솔직한 이야기가 오갔다!

지금은 예뻐서 귀여움을 받지만 너도 언젠가는 늙는다.

네 남편은 애가 없어도 너를 끔찍이 여기지. 만약 네가 그 사람 아들 하나를 찍어서 양아들 겸 후계자로 삼으면 남편이 살아 있는 동안 너는 존경을 받을 거다. 남편이 죽은 뒤에도 양아들이 왕이 되니까 너는 권세를 잃지 않는 거야.

"누이 좋고 매부 좋다"는 게 바로 이런 걸 두고 하는 말이지.

여기서 우리는 중국 여인의
또 다른 측면을 본다.
여자도 자신의 미모나
아들을 통해 권세를
휘둘렀던 것이다.

어린 아들—여불위의 아들—이 왕위에 올랐다. 여불위는 실질적인 아버지 노릇을 하면서 재상에 올랐다. 조희는 이제 태후가 되었다. 이 해괴한 왕실이 진짜로 다른 나라들을 누르고 제국의 영광을 되찾고 요순시대의 번영을 누릴 수 있었을까?

북쪽의 야만족을 무찌를 수 있었을까?

다음은 진의 열 가지 범죄!

# INTRODUCTION

왕은 노애를 잡아들이라고 호령했다. 노애는 뒤질세라 태후의 신임장을 내걸고 군사를 불러 모았다. 싸움이 벌어졌다.

싸움이 끝났을 때 노애의 머리는 장터에 내걸렸다. 노애의 아이들도 죽었고 태후는 귀양 갔다. 여불위는 초조해졌다.

다행히 진나라의 일급 웅변가들이 여불위를 옹호하고 나섰다.

- 여 대인의 지혜는 깊이를 헤아릴 수 없습니다!
- 충성심도 보증수표입니다!
- 요리 솜씨도 일품입지요!
- 저희는 식욕이 끝내주고요.
- 알았어! 봐준다니까.

덕분에 여불위는 일자리만 잃고 목숨은 건졌다.

- 성은이 망극하옵니다!
- 황공무지로소이다.
- 제가 태후를 한번 건드려 볼까요?
- 나는 네놈들이 싫다.

문화애호가였던 여불위는 엄청난 재력으로 학자들을 동원하여 철학과 사상을 집대성한 백과사전을 편찬했다.

- 수고했네. 거기다 내 이름을 박고 짜장면 한 그릇씩 들어.

이것이 『여씨춘추』였다. 이 책에서 한 자라도 빼거나 보탤 수 있는 사람에게는 금을 준다고 장터에서 선전했다.

- 그러려면, 먼저 읽어 봐야지.

이 지루하고 현학적인 책은 지금껏 남아 있지만 금의 행방은 아무도 모른다.

- 읽으나마나한 책도 있더라고.

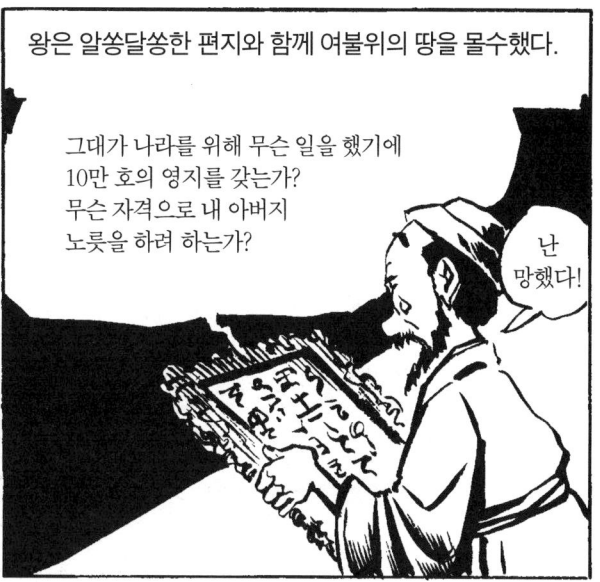

하지만 막강한 권세가 하루아침에 땅에 떨어지는 것은 아니다. 여불위는 아직도 재산과 연줄과 방문객이 넘쳐났다!

제발 조용히 좀 살았으면.

왕은 알쏭달쏭한 편지와 함께 여불위의 땅을 몰수했다.

그대가 나라를 위해 무슨 일을 했기에 10만 호의 영지를 갖는가? 무슨 자격으로 내 아버지 노릇을 하려 하는가?

난 망했다!

겁에 질린 여불위는 독약을 먹고 생을 마감했다.

으… 짜장면은 다 먹었다!

여불위는 공자가 말한 명성과는 달리 행동이 부도덕한 사람이었다.

—사마천

태후가 아들에게 여불위에 관한 진실을 미주알고주알 털어놓았는지는 아무도 모른다.

니 아비였단 말이지!

설~마!

한편 7년 뒤 어머니의 고향\*인 조나라를 정복한 진왕은 어머니 집안의 원수들을 생매장했다.

그래야 헛소문이 안 돌지!

\* 2부 참조

신하 중에서 무기를 든 사람은 아무도 없었다. 위법이었기 때문이다.
하지만 의원 하나가 들고 있던 가방으로 후려쳤다.

뒤늦게 왕은 자기 칼을 뽑아들었다.

내 정신 좀 봐.

그리고 무장경호원도 불렀다.
형가는 두 손을 들었다.

진은 연을 공격했고,
형가와 친분이 있었던 사람은
숨기에 바빴다.

악사였던 형가의 친구 고점리는 악기를
내던지고 남의 집 머슴이 되었다.

목소리 좋네!

그러나 그의 축 타는 솜씨가
진 왕의 귀에 들어가고

왕은 그를 용서하는 대신
눈을 멀게 하고 악사로 채용했다.

어디 솜씨 좀 볼까?

앞 못 보는 악사는 연주를 하면서
점점 왕에게 접근했다.

어느 날, 납덩어리 넣은 축을 왕에게 휘둘렀으나,
그만 빗나가고 말았다.

쯧쯧!

그 후 연나라 사람은 진나라
왕 옆에 올 수 없었다.

노래도 못하는 게
까불고 있어!

# 진시황, 천하의 새 질서를 세우다

진은 다른 나라들을 무찌르고 북방 이민족을 몰아내 사상 최대의 땅을 차지했다.
기원전 221년 자신을 시황제, 곧 최초의 황제라고 칭했다.

수도에서 지방으로 관리들이 물밀듯이 밀려갔다. 지방에서는 서울로 산더미 같은 보고서·추천서·청원서·통계자료가 올라왔다.

황제는 매일 일정 무게 이상의 문서를 올리도록 못박았다.

저울!!

이사는 그저 단순한 관리가 아니었다. 한비자의 법가를 따르는 철학자였다. 법가는 가벼운 잘못도 엄격한 법과 가혹한 벌로 다스려야 한다고 주장했다.

법 앞에서는 누구나 평등했다. 귀족 칭호는 폐지되었고 귀족도 평민과 똑같이 사형을 당하거나 강제 노역에 동원되었다.

지혜로운 군주만이 가벼운 범죄를 무거운 벌로 다스릴 줄 안다. 가벼운 죄를 무거운 벌로 다스리면 무거운 죄를 어떻게 다스릴지 상상이 안 가게 마련이다. 자연히 사람들은 감히 법을 위반하지 못하게 된다.
—이사

수고해, 김 공!

법을 비난하는 자는 사형에 처해졌으며, 백성들은 알아서 이웃을 감시했다.

그렇게 제국은 불안한 평화를 누렸다.

무서워서 엿보지도 못한다니까.

얘 좀 보래요!

그러나 가장 큰 사업은 북방 초원의 유목민 흉노족을 막기 위해 세운 만리장성이었다.
황제는 군대를 보내 흉노족을 내몰고 황량한 땅에 이주민을 정착시킨 뒤
30만 명의 장정을 동원하여 이미 소규모로 존재하던 장벽을 연결하여 만리장성을 쌓았다.
만리장성은 흉노족을 내몰고 한족을 끌어들이는 두 가지 기능을 했다.

한편 사그라질 줄 모르는 문제가 있었다.
기원전 212년 황제의 통치 33주년을 기념하는
만찬에서 한 학자가 봉토 문제를 다시 꺼냈다!!

상과 주는 왕족과 충신에게 봉토를
하사한 덕에 천 년을 누렸습니다.
선대의 모범을 따르지 않으면
오래가지 못합니다!

발칙한 발언이었다! 이사를 비난했음은 물론,
간접적으로나마 황제의 죽음을 언급한 때문이었다.

오래 사셔야죠?

이사가 답변에 나섰다.

학자들은 옛것만 배우려 하지
새것을 배울 줄 모른다.
법령이 어떻느니 갑론을박을 벌이지만
다 자기의 고정관념에 따른 것인데도,
반대를 위한 반대를 일삼고
그것을 잘났다고 떠든다!
이런 사태를 방치할 수 없다!!

봉건제에서 토지는 영주가
다스렸고 농민은 토지에
묶여 있었다. 그러나 황제가
봉건제를 폐지하자 토지는 상품이 되어
사고팔게 되었다.

땅을 사? 차라리
달이나 별을 팔라고
하시오!

이제 부자는 넓은 땅을 차지하고
가난뱅이를 내쫓거나 소작료를
물렸다.

싸워서
빼앗는 것보다
점잖게 사는 게
좀 좋아?

나가!

봉건제로 복귀를 주장한 학자는
사실은 지주, 추방, 유랑농민 등
당시의 심각한 사회 문제를
지적했던 것이다.

딴은 그렇겠군.
그게 진보라는
거겠지!

뒤집어엎자!
어디 두고
보자…

해결책은 한 가지다! 책을 모조리 불사르고 책을 들먹이는 놈은 모조리 죽여라!

저 기발한 상상력!

놀기 좋아하는 아이들은 박수를 치고 제국의 모든 역사책을 불태웠다. 천문·주술·농경에 관한 책을 제외하고는 모두 잿더미로 사라졌다.

황제는 자신의 거처를 숨기고 불로초만 찾았다. 그는 영원히 죽지 않는 신선과 같은 존재, 즉 진인이 되고자 했다. 아무도 믿지 않았고, 태자마저 귀양을 보냈다. 400명의 학자가 생매장당했다.

산 채로 묻혔다구? 얼마나 좋을꼬. 그래도 살아 있다 죽었으니…

그러다가 멀리 지방 순행길에서 객사하고 말았다.

만수무강 하소서, 만수무강 하소서…

## 초나라 대장군 항우

항우가 나타났다.

삼촌, 부르셨수?

때가 왔다!

항량이 이끄는 초나라 군은 한때 승승장구했으나 제국군에게 수에서 밀리다가 결국 항량은 싸움터에서 죽었다.

맹장 항우는 그 자리에 없었다. 그는 소장 지휘관 유방과 함께 약탈전을 벌이느라 정신이 없었다.

항우와 유방은 뒤늦게 본대로 돌아왔다.

그들은 싸움에 지친 군대를 일단 철수하고 회왕과 합류했다.

전열을 가다듬은 장수들은 약정을 맺었다. 함곡관 고개를 통해 진나라로 먼저 들어가는 사람이 왕위에 올라 제국을 지배한다는 약속이었다.
(그때까지 살아 있다면!)

행운의 주인공을 뽑는 시기가 오자 회왕은 항우가 아니라 유방을 택했다!!

울분을 삭이면서 항우는 남은 군사를 이끌고 조나라로 진군했다. 거기서 배를 곯으면서 한 달 동안 진격 명령이 떨어지기를 기다렸다.

잉! 잉! 잉!

참다 못한 항우는 대장군의 목을 잘랐다.

너 잘 났다, 우악!

이렇게 해서 항우는 초나라의 대장군이 되었다!!

자!

그대 집안의 국가에 대한 기여를 참작하여….

항우는 가까운 곳에 있는 진나라 군대를 치러 떠났다. 자기 군대가 강을 건너자 배와 물자를 모두 태웠다.

죽기 살기로 싸우란 말씀!

다른 반란군이 언덕 위에서 지켜보는 가운데 항우의 군사는 진나라 군대와 아홉 번 싸워 아홉 번 모두 적을 섬멸했다!

저 목소리!

이야아아아아!

모든 반군 지도자는 항우에게 무릎을 꿇어왔다.

대군을 거느린 항우는 서둘러 진을 치고 싶었지만 문제는 진나라의 막강한 전력이었다.

항우는 계략을 짰다! 진의 장수 장한에게 편지를 보냈다.

그대의 상관인 조고 승상은 남의 성공을 시샘하는 자요. 그대가 지면 그는 그대의 목을 벨 것이오. 그대가 이겨 영예를 얻으면 그는 그대에게 죄를 씌워 역시 목을 벨 것이오. 이래저래 죽게 되니 우리에게 오시오.

끙….

* 124쪽 참조.

장한은 싸움도 안 하고 투항했다.

그러나 항우는 진의 군대를 믿지 못했다. 그날 밤 항우의 반군은 진의 군대를 습격하여 20만 명을 잔인하게 죽였다.

이제 그들은 함곡관을 넘을 태세였다.

황제는 나지롱! 야호!

그러나 놀랍게도 함곡관은 막혀 있었다. 유방의 부하 짓이었다.

임마!

# 한나라 유방의 역전극

유방의 군대는 진으로 쳐들어가 도시를 포위한 뒤, 항복하면 잘 살게 해주고 장수들에게는 봉토를 내리겠다고 제안했다.

"잘 살아?" "봉토를?"

싸우지 않고도 속속 투항하는 도시가 늘어났다.

"항복!" "항복!" "항복!" "항복!" "항복!" "항복!"

그러나 유방이 항상 점잖았던 것은 아니다. 때로는 적장을 뇌물로 구워삶았다가 나중에 군대를 박살내는 항우의 전법도 택했다.

"안 되면 되게 하라!"

진의 수도는 난장판이었다. 승상 조고는 2대 황제를 처형했고 3대 황제는 조고를 처단했다. 결국 기원전 206년 진의 마지막 왕이 유방에게 무릎을 꿇었다.

"요걸 어쩐다? ★*#@￥"

"너 때문이야!" "너 때문이야!" "조용!"

후세 학자들은 진 왕조의 문제점을 조목조목 짚었다.

"음… 어머니한테 불효를 한 탓이야!" "어머니의 원수를 생매장했는데?" "본인은 불로초만."

이렇게 정리된 진의 10대 범죄는 다음과 같다.

1. 봉건제 폐지
2. 만리장성 축조
3. 백성들의 무기 압수
4. 왕궁 건설    5. 분서갱유
6. 학자들 생매장
7. 황제무덤 축조    8. 불로초 찾기
9. 태자 제거    10. 잔혹한 형벌

그러나 현재의 중국 공산당 정부는 이것을 범죄가 아니라 국력을 증진시킨 발전적 업적으로 본다고.

"그럼 학자를 죽인 것도?" "달걀을 깨뜨려야 지지든 볶든 하지!"

드디어 침략자들은 진의 수도인 함양으로 들어갔다. 그곳에는 화려한 궁궐과 곡식이 그득한 창고와 눈부신 환락가가 있었다. 백성들은 무자비한 보복을 예상하고 몸을 떨었다.

먼지나 털고 잠시 기분 좀 내세!

어흠!

그러나 주위의 조언을 들은 유방은 털끝 하나 건드리지 않았다. 궁궐은 폐쇄하고 군대를 다시 막사로 데리고 나갔다.

천천히 위엄 있게, 장군님이 신사라는 걸 유감없이 보여주세요. 나라에 시달릴 대로 시달린 사람들입니다.

끙…

유방은 성 안의 지도급 인사들을 불러 폭탄선언을 했다!

그대들의 법은 너무 복잡하다! 이제부터 법은 딱 세 가지다! 죽이지 말라! 해치지 말라! 훔치지 말라!! 나머지 법은 몽땅 없앤다!!!

진나라 백성이 안도의 숨을 내쉬고 있을 때 전령이 도착했다. 10만 군사를 거느리고 항우가 나타났다는 소식이었다!!

음… 화가 나 있던가?

그들이 지른 불은 석 달 뒤에야 완전히 꺼졌다.

항우는 전략 요충지이며 땅이 기름지고 광물자원이 풍부한 진을 떠나 본국으로 돌아가기로 했다. 수도는 지저분한 남쪽 습지대의 초나라 땅에 두어야 한다는 것이었다. 본인의 말을 빌리자면,

"부귀와 영광을 얻고도 집에 가지 않는 것은 비단옷을 입고 밤중에 활보하는 것이나 같다. 알아주는 사람이 없거든!"

"초나라 놈들은 돌대가리야!"

← 모독죄로 기름에 튀겨져 죽었음.

유방은? 먼저 오는 사람이 진을 다스리기로 한 약조에도 불구하고 항우는 중국의 서쪽 변방에 위치한 한나라 왕으로 유방을 몰아냈다.

"저기, 저 골짜기 위라네!"

유방은 울분을 삼키며 남은 군졸을 이끌고 험한 산길을 따라 한으로 향했다.

"자네가 바깥쪽으로 가게나!"

유방은 아는 제후를 모조리 불러들여서 봉토를 하사하고 항우를 격파하라고 명령했다. 항우를 잡아오는 사람에게는 봉토를 덤으로 얹어주겠다고 약속했다.

"박수 친 게 아깝다!"

"쉿!"

포위당한 항우는 100명의 기마대를 거느리고 저지선을 뚫었다.

온몸에 부상을 입고 늪지대로 몰린 항우는 한나라 병사 중에서 아는 얼굴을 만났다.

"항우야!"

"내 친구 여마동 아닌가! 한왕이 내 목에 상금을 걸었다며? 좋아! 내 인심 한번 쓰지."

항우는 자기 목을 벴다.

"항우다!"
"항우다!"
"항우다!"

상금은 다섯으로 쪼개야 했다!

"맙소사! 아무리 우리 둘이 앙숙이라고는 하지만, 니들이 그럴 수 있는 거냐?"

# 한, 제국의 빛과 그림자

이렇게 해서 평민 유방이 '하늘 아래 모든 것'을
다스리는 황제에 올랐다. 아니 거의 모든 것이라고 해야 할까.
왜냐하면 북방의 흉노가 어지러운 전란을 틈타
만리장성 이남으로 밀고 내려왔기 때문이다.

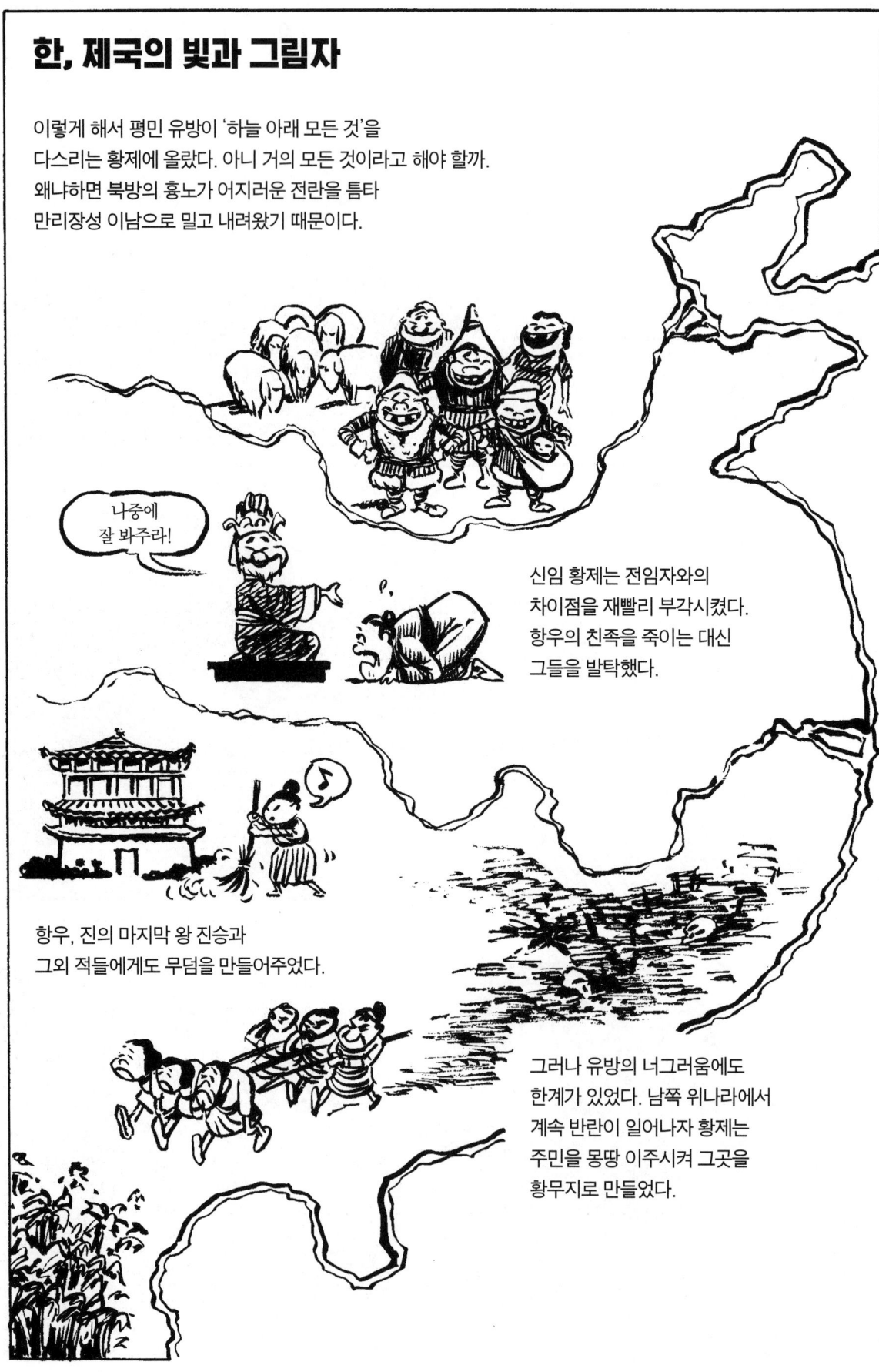

나중에 잘 봐주라!

신임 황제는 전임자와의
차이점을 재빨리 부각시켰다.
항우의 친족을 죽이는 대신
그들을 발탁했다.

항우, 진의 마지막 왕 진승과
그외 적들에게도 무덤을 만들어주었다.

그러나 유방의 너그러움에도
한계가 있었다. 남쪽 위나라에서
계속 반란이 일어나자 황제는
주민을 몽땅 이주시켜 그곳을
황무지로 만들었다.

한 고조(유방)의 큰부인 여후는 황제의 총애를 받는 척부인과 함께 생활해야 했다. 척부인에게는 아들 여의가 있었다.

여후는 심기가 편치 않았다.

망할 것.

여의가 나중에 황제에 오를 자기 아들 혜* 대신 황태자에 책봉될지 모른다는 걱정 때문이었다. 여후는 장량에게 조언을 구했다.

그대는 황제를 잘 알지. 어찌 해야 할까?

흠… 제 전공은 아닙니다만…

* 유방이 마차 밖으로 던지려고 했던 아들.

산 속에 은둔한 학자가 셋 있사온데, 그들은 황제가 무도하다고 생각합니다. 그들의 입에서 아드님을 두둔하는 소리가 나오면, 아마도…

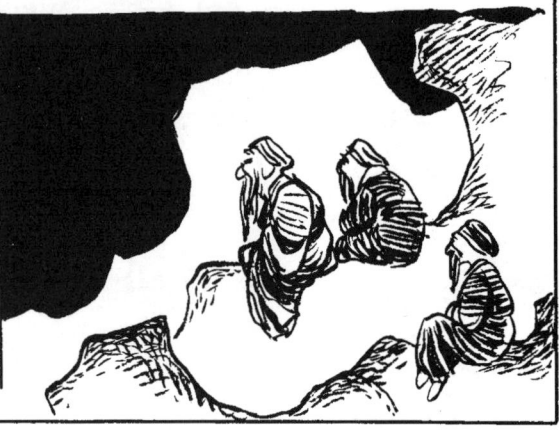

여후는 세 현자를 설득하여 궁궐로 불러들였다.

저기 뭐 하는 친구들인가?

글쎄요.

앞으로 대령하라!

황제는 깜짝 놀랐다!

어디 있다 이제 왔는가?

전하의 다스리심이 무도하와 궁궐을 떠나 있었습니다. 허나 자제분이신 혜는 좋은 청년입니다. 저희는 그분 때문에 왔습니다.

하! 알았다! 여후의 솜씨로군! 갸륵한지고! 기분 조오타!

혜의 장례식에서
여후가 눈물을
안 흘리자 사람들은
괴이하게 여겼다.
뭐 땜에?
치매??
장량의 열다섯 살 먹은 아들이 묘안을 냈다.
큰애가 없으니까 불안한 거죠.
선생님들이 무서운 거죠. 여후의 형제를
팍 장군 자리에 앉혀버려요.
여씨가 떵떵거리고 살게 놔두는 거죠.
그럼 그쪽도 우리도 두 다리 뻗는 거예요!!
똑똑하구만!
그렇게 하자, 그제야
여후는 울었다.
어흑!
살았다!
그다음 8년 동안은 여후가 제국을 쥐락펴락하면서 여씨 가문에 반기를 드는 사람은 무조건 없앴다.
익!
윽!
억!
세상은 조금도 달라지지 않았다!!
여씨나 유씨나
한 끗 차이 아닌가?
기원전 180년 여후가 죽자
중신은 표변하여
여씨 집안을 모조리 죽이고
유방의 아들 중에서
가장 맏이(다른 부인 소생)를
문제로 앉혔다.
아자!
무슨 소리
들었어?

물자가 넘쳐나 농산물 값이 떨어지면 정부는 잉여농산물을 사들여 농민을 도왔다.

"농사짓지 말라 그러고 돈으로 주시지…."
"다음!"

물자가 달리면 정부는 저장미를 방출하여 소비자를 보호했다. 이것을 '평준법'이라 불렀다.

"사업가한테 너무 불공평하다 이거!"

기원전 140년이 되니 제국의 곳간은 물자로 미어터지고 금고에는 돈이 그득 쌓였다.

"말도 많네!"

"보소, 평준법이란 게, 장사꾼처럼 싸게 사서 비싸게 파는 거랑 뭐가 달라요?"

초기의 중국 화폐는 조개나 연모였던 것으로 보인다. 최초의 동전은 이런 값진 물건의 청동 복각물이었기 때문이다.

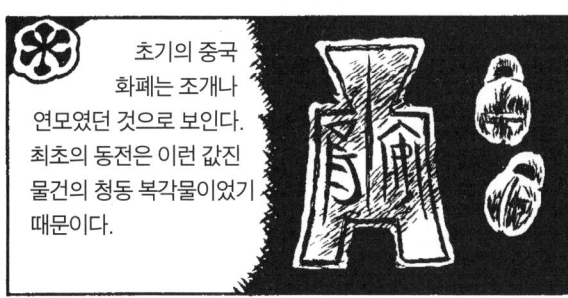

진은 최초로 네모난 구멍이 뚫린 주화를 발행했다. 이것을 구슬처럼 꿰어 사용했다.

한나라도 주화를 계속 사용했지만 주화가 달리자 다른 대용물을 찾았다.

"음… 공기가 어떨까?"
"구멍 뚫을 필요도 없고…"

가장 널리 쓰인 것이 흰사슴 가죽이었다. 가죽 한 장이 40만 냥이었다. 황제는 자기에게 바치는 모든 현금을 사슴에 실어오게 했다.

"폐하께서는 가난이 뭔 줄 몰라!"

재정 상태는 아랑곳하지 않고 무제는 최대의 숙원 사업을 벌였다.
북방 이민족 흉노의 정벌이었다. 진이 무너진 뒤 흉노는 북부 중국을 마음 놓고 휩쓸었다.

한의 황제는 공물을 보내며 사정(외교적 용어로) 하는 수밖에 도리가 없었다!

"우리 두 대국 한과 흉노는 좋은 사이다. 흉노가 사는 북녘은 춥고 매서운 서리가 일찍 내리니, 우리는 칸에게 매년 일정량 기장, 효모, 금, 비단, 옷감, 실, 솜, 기타 물품을 보내도록 관리들에게 명하고 있다.

바야흐로 세상은 평화롭고 사람들은 안정을 누리고 있다. 우리와 칸은 백성들의 어버이가 되어야 한다. 지난 일을 돌아볼 때, 우리 대신들이 합의 도출에 실패한 것은 소소한 문제, 자질구레한 이유 때문이었다. 그런 문제로 형제 사이의 우애가 훼손되어서는 안 될 것이니…."

여후가 섭정을 하는 동안 흉노의 칸(지도자)은 여후에게 내밀한 편지를 보냈다.
그것은 중국이 받은 수모의 상징이었다!

무제는 흉노를 응징하기로 마음먹었다.

그는 흉노 정벌을 위해 북으로 수차에 걸쳐 원정대를 보냈다.

그러나 유목민족인 흉노는 찾아내기가 힘들었다.

음… 징소리를 좀 낮추어야 하지 않았을까.

그런가 하면 벼락처럼 기습 공격을 퍼부었다!

꺄~악!

이릉 장군은 흉노에게 포위당하자 수적인 열세를 깨닫고 항복했다.

싸움에 진 장수가 자결하지 않고 포로가 된다는 것은 말할 수 없는 수치였다.

미안해.

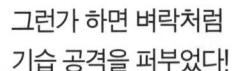 무제는 과거의 진시황처럼 점쟁이, 예언자, 주술사에 기대어 앞일을 헤쳐나갔다.

이제부터 난해한 용어로 된 전문적 해석이 필요한 신비한 공정에 들어가겠다!

얼마든지요.

그 터무니없는 사업 중에는 먹으면 영원히 살 수 있다는 불로버섯의 개발도 포함되어 있었다!

에헴! 아직 덜 끓었군!

중국산 버섯 중에 콜레스테롤과 심장병을 현저히 줄이는 버섯이 있다는 사실을 현대 과학이 입증하고 있다. 그러니 과학과 주술은 한 끗 차이라고 말할 수 있지 않을까!

아라바바사라 바바! 얍!

# INTRODUCTION

# 4
# 영원한 제국 로마 이야기

로마 이야기는 기원전 323년 6월 23일 바빌론에서 시작된다.

기원전 324년 그들은 페르시아로 돌아왔다.
알렉산드로스 대왕은 다시 바삐 움직였다!

헛둘! 셋넷! 어흠!

그의 목표는 두 문명을 하나의 보편적 그리스-페르시아 문명으로 통합하는 것이었다.

페르시아 옷을 입어라!

얼굴을 바닥에 갖다 대!

나를 신으로 받들어라!

살구를 넣은 양고기도 좀더 가져오고!

그는 집단 혼인식을 가졌다. 1만 명의 병사가 아시아 여인과 결혼했고 알렉산드로스 대왕은 페르시아 공주 바르시네와 식을 올렸다.

알렉산드로스 대왕은 이미 록사네라는 페르시아 부인이 있었지만, 그의 관심사는 여자가 아니었다.(어머니만 제외하고)

좋아, 이 방을 써라. 록사네가 내시들을 소개해줄거야. 그럼 또 보자구. 인연이 닿으면...

옹고집 알렉산드로스는 아버지가 되고픈 생각이 꿈에도 없었다. 그가 평생을 바쳐 사랑한 이는 헤파에스티온이라는 남자였다.

알렉산드로스는 헤파에스티온을 장군으로 앉혔다가 다시 부사령관으로, 나중에는 수상에 임명했다.

자격이야 충분하지. 나 없으면 못 살겠다거든.

그러나 인도 원정 뒤에 헤파에스티온은 동료 장군 손에 독살당했는지 과음 때문인지 사인은 불분명하지만 죽고 만다. 알렉산드로스는 이틀 동안 식음을 전폐했다.

내가 죽으면 아마 잔치를 벌일걸.

그러나 차질의 연속이었다. 알렉산드로스의 유해는 이집트로 빼돌려져 그곳에 묻혔다. 록사네는 앙숙인 바르시네를 죽였다가 자기도 알렉산드로스의 유일한 아들과 함께 비명에 갔다. 적법한 후계자를 정하지 못한 제국은 제후들로 사분오열되었다. 혼돈의 시기는 수십 년간 이어졌다. 기원전 300년경 제국은 이집트·시리아·마케도니아 세 나라로 분할되어 모두 마케도니아 장군이나 그 후손의 지배를 받게 된다.

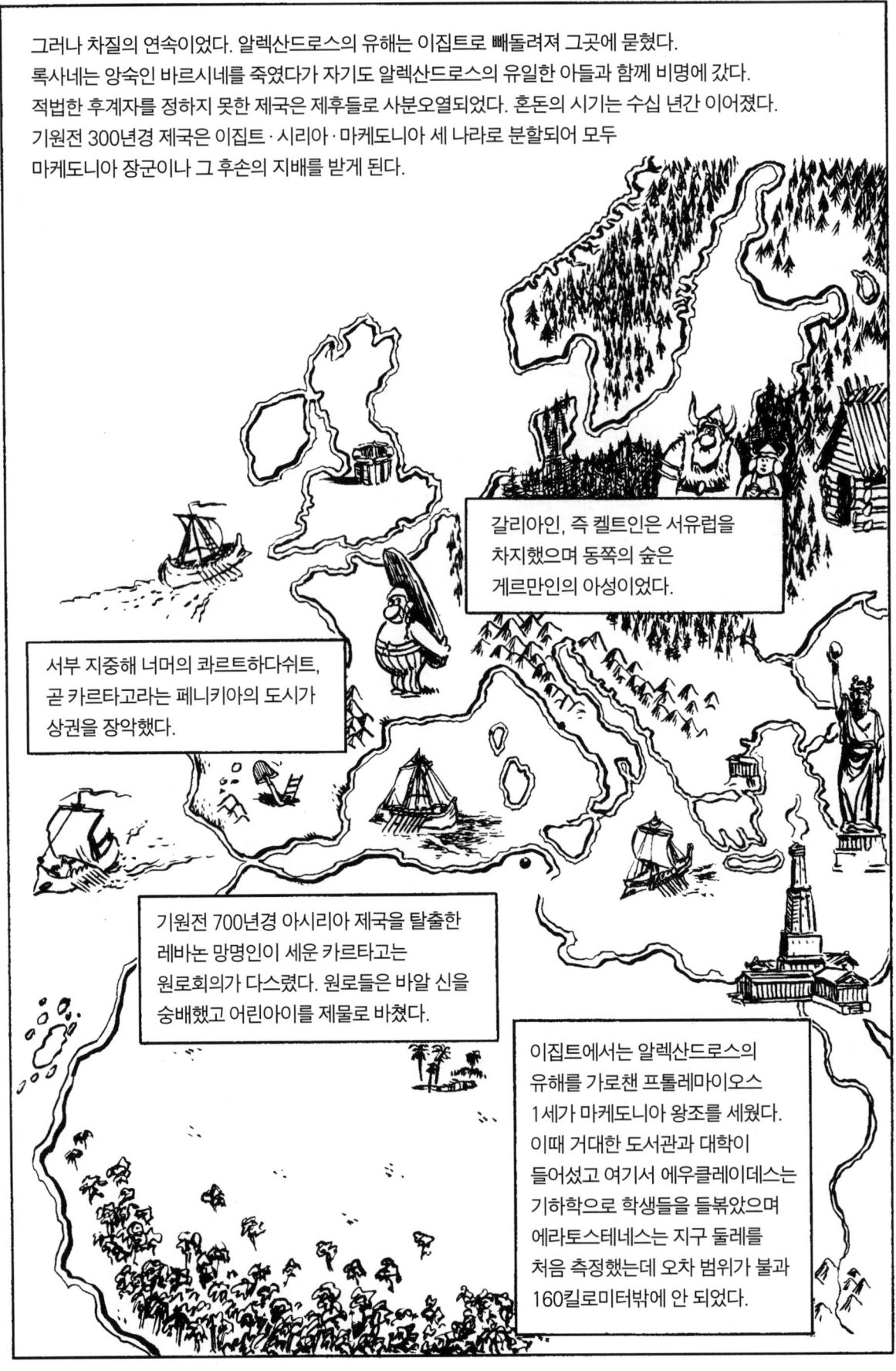

갈리아인, 즉 켈트인은 서유럽을 차지했으며 동쪽의 숲은 게르만인의 아성이었다.

서부 지중해 너머의 콰르트하다쉬트, 곧 카르타고라는 페니키아의 도시가 상권을 장악했다.

기원전 700년경 아시리아 제국을 탈출한 레바논 망명인이 세운 카르타고는 원로회의가 다스렸다. 원로들은 바알 신을 숭배했고 어린아이를 제물로 바쳤다.

이집트에서는 알렉산드로스의 유해를 가로챈 프톨레마이오스 1세가 마케도니아 왕조를 세웠다. 이때 거대한 도서관과 대학이 들어섰고 여기서 에우클레이데스는 기하학으로 학생들을 들볶았으며 에라토스테네스는 지구 둘레를 처음 측정했는데 오차 범위가 불과 160킬로미터밖에 안 되었다.

그리고 예술은 점차 대형화되었다. 로도스의 거상, 마우솔루스의 무덤, 알렉산드리아의 등대는 7대 불가사의로 꼽힌다. 과학과 수학이 발전하고 기술자는 지레와 도르래, 나사, 바퀴를 이용하여 새로운 기계를 만들었다. 배의 크기도 커지고 전쟁도 점점 잔인해졌다.

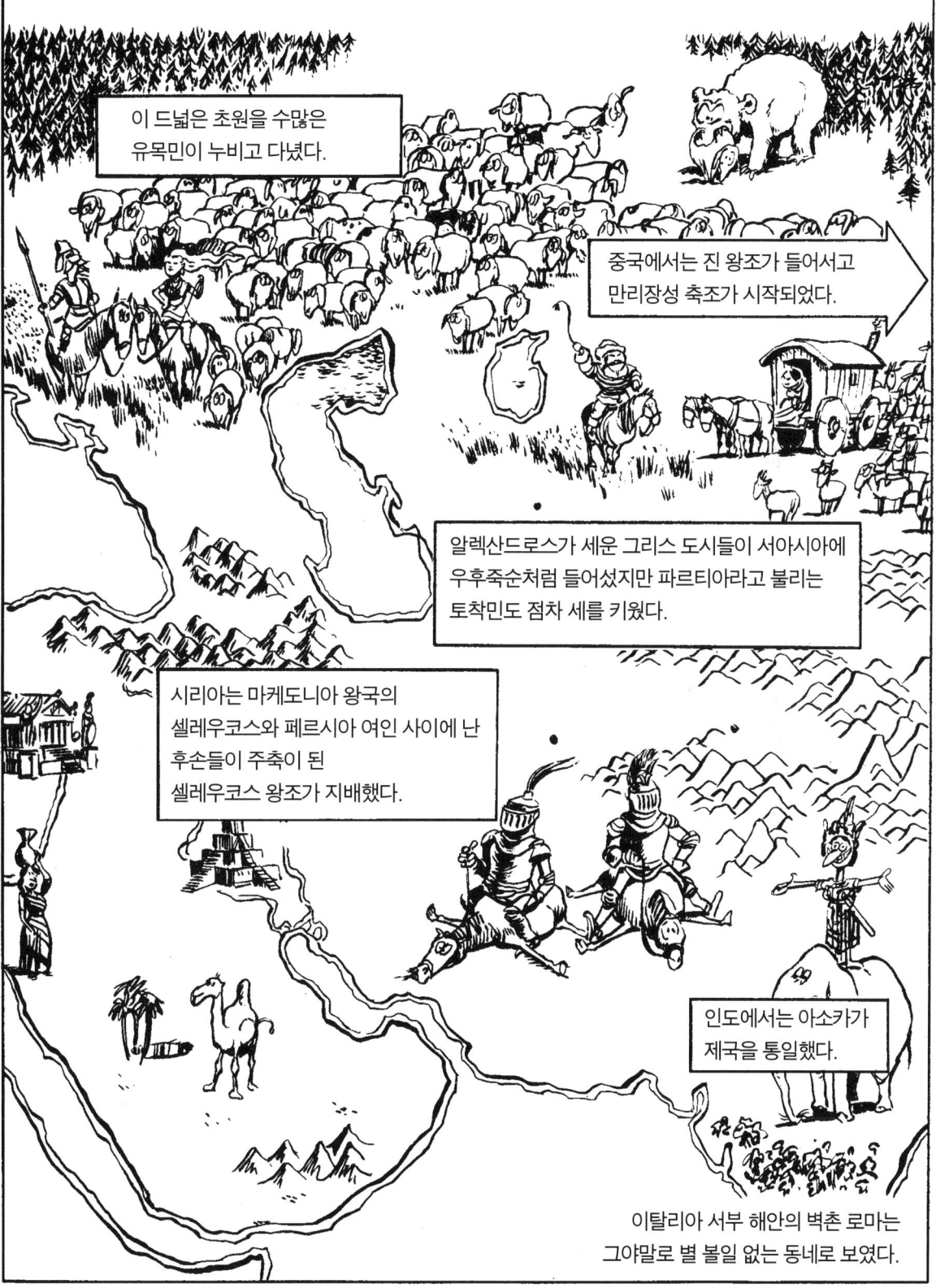

# 로물루스와 레무스의 도시

태고적 로마는 안개에 싸여 있다. 로마의 언덕에는 벌써 기원전 800년에 마을이 곳곳에 있었음을 발굴을 통해 알 수 있다. 그러나 그 밖의 이야기는 대부분이 전설이다.

전설은 이렇게 시작된다. 옛날 옛날에 로물루스와 레무스라는 쌍둥이가 부모에게 버림받았다.

아이들은 늑대 아니면 창녀(라틴어로는 같은 말이다)의 손에 키워졌다.

기원전 500년경의 청동 늑대상에 2000여 년 뒤 청동 아기상을 덧붙인 것임.

로물루스 아래서 로마인은 자나깨나 전쟁을 벌여 인근의 맹주로 떠올랐다.

그러다가 로물루스가 의문의 죽음을 당한다. 전설에 따르면 몸이 사라졌다고 한다.

다음 왕 누마 폼 리우스는 평화를 원했지만 약탈과 탈취로 잔뼈가 굵은 로마인을 어떻게 통치할지 그게 고민이었다.

누마는 '숲의 요정'에게 조언을 청했다.
(입법자의 고문 상대에 대한 또 다른 예는 1권 4부 참조.)

요정은 수많은 종교의 장점을 들먹였다.

그래서 누마는 숱한 신성불가침의 법과 의식과 축제를 고안했고, 로마는 졸지에 이탈리아에서 가장 경건한 도시가 되었다.

# 로마공화국의 탄생

로마의 내실이 다져지자 수수께끼의 종족 에트루리아인*이 군침을 흘린다. 에트루리아어는 미궁에 싸여 있지만 신분 높은 여인, 연회, 장례식, 노예끼리 벌이는 사투를 묘사한 조각에서 에트루리아인의 모습이 발견된다.

많은 고대 문화에서 주인이 죽으면 하인은 함께 생매장되었다. 에트루리아인은 두 노예에게 죽을 때까지 싸움시키는 놀이를 고안했다.

— 주인이 죽으면 왜 우리를 묻냐?
— 그래야 오래오래 살도록 잘 모실 테니까!

로마인은 에트루리아의 검투 풍습을 받아들여 그것을 본격 시합화했다. (카이사르도 검투의 정착에 기여했다.)

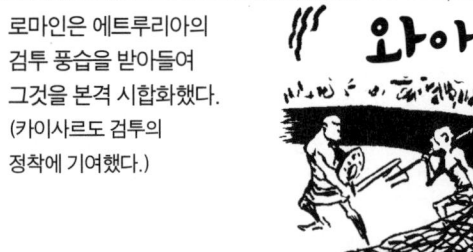

결국 검투는 황금알을 낳는 사업이 되어 거대한 경기장이 세워졌고 뛰어난 검투사는 인기 절정에 올랐다. 그러나 그리스처럼 의식이 좀더 깬 민족은 그것을 혐오했다.

— 야만인!
— 우리처럼 벌거벗고 빨리 뛰기 시합하면 좀 좋습니까?

검투는 로마인의 사랑을 한몸에 받아 기독교인 황제의 시대에까지도 이어졌다.

— 그야… 물론… 비기독교적이지만. 어디 크리스마스트리는 기독교적인감?

# 원로원 VS 호민관

당연히 실속을 차리는 것은 언제나 귀족이었다.

기원전 387년 로마로 입성한 갈리아인은 도시를 쑥대밭으로 만들었다. 모든 역사적 기록물은 잿더미로 변했다. 387년 이전의 로마 역사가 모두 전설의 영역에 남아 있는 것은 이 때문이다.

지금도 그 이유는 수수께끼로 남아 있는데, 그 뒤 갈리아인은 로마에서 철수한다.

이유는 무슨 이유!
집 떠나면 고생이니까
그렇지!!

## 화합과 통일의 시대

전란을 겪은 뒤 로마는 전설의 세계와 손을 씻고 바야흐로 역사의 무대로 나선다. 기원전 387년 이후 쓰인 문서가 지금도 다수 남아 있다. 덕분에 더 오리무중에 빠지기는 했지만….

그 뒤 20년 동안 불안한 정정이 이어졌다. 밖으로는 귀족 카밀루스의 지휘 아래 갈리아인을 비롯한 외적과 싸워야 했다.

전설은 최소한 명쾌하잖아.

좀 거짓말이 섞여서 그렇지.

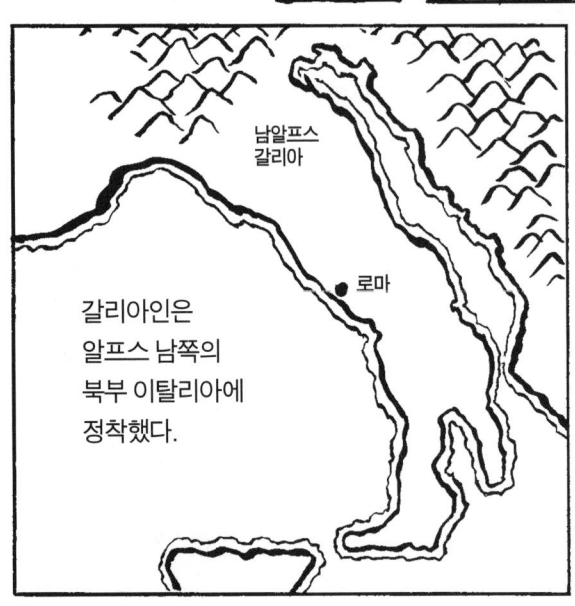

남알프스 갈리아

로마

갈리아인은 알프스 남쪽의 북부 이탈리아에 정착했다.

안으로는, 평민이 폭동과 봉기를 일으켜 국정이 흔들렸고 때로는 무정부 사태가 발생하기도 했다.

기원전 367년에 드디어 평민 출신의 호민관 리키니우스와 섹스티우스가 공화국 헌법의 기초가 된 법령을 관철시켰다. 그에 따라 모든 채무자의 빚은 탕감되고 평민도 제한 없이 관직에 오를 수 있는 길이 열렸다.

잘 돼야 할 텐데!!

같은 해 늙은 군벌 카밀루스가 계급간의 화합을 상징하는 콩코드 사원을 헌납했다.

법을 집행하는 것은 두 명의 호민관이었지만 나라의 아버지처럼 추앙받은 사람은 카밀루스였다.

끙, 공은 저 늙은이가 다 차지하네.

로마도 하루아침에 세워지지 않았지만 화합도 하루아침에 이루어지지 않았다! 추가 개혁과 정부조직 개편과 폭동이 꼬리를 물었다.

그러다가 기원전 326년 채무노예법이 마침내 폐지되었다. 로마인은 같은 로마인을 노예로 삼을 수 없게 되었다!

이제야 두 다리 뻗고 자겠네.

이것은 로마의 국가 재정에 중대한 문제를 야기했다.

그럼 이제 누구를 노예로 삼지?

그 질문에 답하기 전에 알렉산드로스 대왕이 눈을 감은 것이 바로 이 무렵이라는 사실에 주목하자. 이로써 헬레니즘 시대가 열리고 제국의 와해와 함께 로마에게는 새로운 기회가 열렸다.

평민의 발언권이 강화된 로마의 통치체제를 다시 한번 살펴보자.

로마는 이제 원로원, 집정관, 호민관 말고도 별도의 책임을 맡은 치안관, 정무관, 감찰관을 새로이 거느렸다.

간단해. 치안관은 시장 비슷하고 정무관은 판사 역할이고 감찰관은 인구 조사하고 의식개혁운동에 앞장서고….

이와는 별도로 부족의회라는 기구도 공식적으로 생겼다.

그러나 일반 의회와는 달리 이 기구는 일인일표라는 원칙으로 운영되지 않았다.

그럼, 어떤 원칙이야?

여자 영표.

투표를 위해 모든 로마인을 특정 부족에 소속시켜 각 부족이 한 표씩 투표권을 행사했다.

우리 부족이 너네 부족보다 큰데두?

그럼 나만 해피한 거지 뭐!

로마 인구는 평민이 더 많았지만 부족의 표를 합산하면 평민이 열세였다. 이 불공평한 대의제는 상류층의 권익을 옹호하는 데 이바지했다.

'견제와 균형'의 원칙도 모르나, 임마들아!

# 로마와 카르타고의 일대격전, 포에니 전쟁

삼니움 전쟁이 막바지로 치달을 무렵 일군의 삼니움인이 시칠리아로 도주하여 전쟁신 마메르스(마르스) 앞에서 비장한 결의를 다지고 도시를 공격하여 남자를 죽이고 여자를 겁탈하고 약탈을 일삼았다.

이웃 해적의 침입을 받은 시칠리아인은 근방의 두 강대국 로마와 카르타고에 도움을 요청했다.

"카르타고 분들 들으세요! 우리를 구하시구 시칠리아에 전략 거점을 마련하세요!"

"로마 분들도 들어요! 이하동문이어요!"

최초의 해상 원정을 앞두고 로마에서는 격론이 벌어졌다.

"우리한테는 이탈리아도 벅차! 그런 잡놈을 뭐하러 살린대?"

"그래도 여자가 아깝지 않은감."

결국 파병으로 결정이 났다.

로마군이 도착하니 벌써 카르타고군도 원군으로 와 있었다.

"꺼져!!"

이들의 충돌로 1차 포에니 전쟁이 일어난다. (카르타고를 페니키아인이 세웠기 때문에 이런 이름이 붙여졌다.)

"너나 꺼져라!" "이게!"

이탈리아에 오자 갈리아인은 한니발의 깃발 아래 속속 모여들었다. 그들은 로마인에게 강한 적개심을 품고 있었다.*

* 포에니 전쟁에 참가했던 로마의 퇴역 군인들이 갈리아인의 땅에 정착했기 때문이었다.

오합지졸로 싸움터에 나갈 수는 없는 한니발은 지략의 귀재답게 병사들을 철저히 훈련시켰다.

로마군은 적수가 못 되었다. 중소 규모의 전투에서 계속 밀리던 로마는 마침내 칸나이 전투(기원전 216년)에서 결정적 타격을 입었다. 수만 명의 로마 병사가 일사불란하게 움직이는 한니발의 기마대 앞에 속수무책이었다.

이때 한니발이 실책을 범한다. 칸나이 승전 이후 바로 로마로 진격할 수 있었는데 중도에 멈추고 만 것이다!

한니발은 남쪽으로 가서 14년 동안 아무런 소득 없이 허송세월했다.

결국 전쟁의 승패는 다른 곳에서 판가름 났다. 로마군이 막강한 수비벽을 뚫고 시칠리아의 시라쿠사를 함락한 것이다.

스페인에서는 로마의 스키피오 아프리카누스가 신기에 가까운 전술로 페니키아의 뉴카르타고 요새를 공략했다.

스페인 함락 소식을 들은 한니발은 서둘러 아프리카 본국으로 돌아왔다.

스키피오가 추격에 나서, 양측은 기원전 202년 자마에서 붙었다.

카르타고의 패배로 전쟁은 끝났다. 한니발은 로마를 멀리하고 새로운 모험을 위해 동쪽으로 항해를 떠났다.

시라쿠사의 방벽은 당시 수학의 천재였던 그리스의 아르키메데스(기원전 287~212년)가 고안했다. (그는 목욕탕에서 목욕을 하다가 부력을 발견하고 흥분해 거리로 뛰쳐나온 것으로 유명하다.)

로마군이 기원전 212년 시라쿠사에 입성했을 때 아르키메데스는 모래 위에다 수학 문제를 적어놓고 끙끙대고 있었다. 한 로마병이 비키라고 명령했다.

아르키메데스의 동작이 굼뜨자 로마군은 그를 죽였다. 후세 사람들은 이 일화를 두고 그리스인의 고매함과 로마인의 무지막지함을 곧잘 비교한다.

그러나 알고 보면 속사정이란 게 있다. 수천 명 로마군의 목숨을 앗아간 시라쿠사의 방벽을 만든 장본인이 아르키메데스였다는 사실을 기억하시는지!!

# 정복과 학살의 시대

로마는 승리에 도취했다. 로마가 눈을 돌리는 곳에는 로마군이 뒤따랐다. 원로원이 보낸 군대는 이제 스페인, 그리스, 일리리아, 소아시아, 아프리카를 휩쓸기에 이르렀다.

그 과정에서 로마인은 지금 우리가 보기에도 잔인한 만행을 서슴지 않았다. 예를 들면…

스페인에서는 반란군 4000명이 로마 총독으로부터 살려주겠다는 다짐을 받아낸 뒤 투항했으나 원로원의 지시에 따라 몰살당하고 말았다.

재고할 수 없답니까?

다음 번 선거 뒤에나 가능할지…

3차 포에니 전쟁이 끝난 뒤 로마는 카르타고를 초토화하고 그 땅에 소금을 뿌려 갈아엎었다.
(기원전 146년)

그리스에서 로마는 아테네 시민을 무차별 학살하고(열 명에 한 명씩 제비를 뽑아서), 코린트를 파괴하고, 지식인과 민주주의자를 죽이고, 뛰어난 예술품을 몽땅 훔쳐갔다.

만약에 배가 가라앉으면 보험회사에서 똑같이 값나가는 물건으로 바꿔준다고 약속했다구.*

* 실제로 있었던 일 아닐까?

로마의 정복 전쟁이 동쪽으로 확산되면서 인근 국가들은 노예 사냥과 가혹한 세금으로 쑥밭이 되었다.

도대체 '열 명에 한 명꼴로 죽이다'는 뜻의 단어를 가진 언어가 로마 말고 어디에 있냐구!

델로스 섬에서 로마의 인종청소는 극치를 이루었다. 하루에 자그마치 1만 명이 노예로 붙들렸다.

이탈리아와 시칠리아로 실려온 이 가련한 인생들은 대농장에 투입되었다. 시칠리아는 이제 로마를 먹여살리는 곡창이 되었다.

우리처럼 할 일 없는 시칠리아 농사꾼은 뭘 할까?

소농들은 원로원을 틀어쥔 대지주에 의해 농토에서 쫓겨났다.

대처에 나가서 벼락부자가 될 수 있는 절호의 기회야…

땅을 잃은 사람들은 로마로 몰려들었다. 로마에는 전쟁으로 한몫 잡은 신흥 부자도 많았다.
집은 비좁고 불이 자주 났으며 식품비도 천정부지로 치솟곤 했다.

기원전 136년 시칠리아의 노예들이 폭동을 일으켰다. 로마의 식량 수급 계획에는 차질이 빚어졌고
몇 해 만에 겨우 진압은 되었지만 양측이 입은 피해는 막대했다.

고물에도 가치가 있을까?
포에니 전쟁이 끝난 뒤
로마는 카르타고를 초토화했지만
한 가지만은 고이 간직했다. 그것은
카르타고의 『노예 부리기 지침서』
라틴어 번역본이었다.

니들도 아주
깡통은 아니구나!

이 책은 여러 세기에 걸쳐 수없는
판본을 낳으면서 중세 유럽은 물론
아프리카 노예 무역에 뛰어든
아랍 문명에 널리 읽혔다.

죽도록 부리고 쥐꼬리
만큼 먹이되 인간적으로
대하는 것처럼
뻥을 튀겨라!

카르타고인의 지혜는 미국 건국의
아버지들에게도 곧바로 전해졌다.
그러니 고물에도 가치는 있는 셈?
글쎄….

체중이나 좀 덜 나가는 것들이
밟아대면 오죽 좋아.

특정 인물과는
상관없는 발언임!

# 반란과 정쟁의 시대

노예 반란은 로마인에게 경종을 울렸다! 시민이 땅을 못 갖고 식량을 해외의 노예 농장에 의존하게 된 공화국의 앞날은 어찌 될 것인가?

원로원이 제 땅을 빼앗고는 저더러 '우리' 조국을 위해 싸우래요!!

기원전 133년 티베리우스 그라쿠스라는 급진적 인물이 호민관으로 뽑혔다.

그라쿠스는 땅 없는 시민에게 토지를 분배하는 시책을 내놓았다. 다른 호민관이 반발하자 그라쿠스는 그에게 신체적 손상을 입혔다.

야! 같은 호민관끼리 이러기냐?

지주들만 득시글거렸던 원로원은 그라쿠스를 싫어했지만 그의 시책을 법적으로 막을 길이 없었다.

원로원은 그라쿠스를 반역죄로 몰고 깡패를 동원하여 그를 각목으로 공격했다.

그라쿠스는 300명의 부하들과 함께 맞아죽어 강물에 버려졌다.

그러나 티베리우스에겐 늠름한 동생이 있었다. 126년 가이우스 그라쿠스가 다시 호민관으로 선출되었다.

그는 토지개혁안을 통과시켰을 뿐 아니라 122년에 이르면 로마의 권력을 사실상 장악하게 되었다.

다시 원로원은 깡패를 보냈고, 가이우스 그라쿠스는 형의 뒤를 따랐다.

술라는 '행운아' (펠릭스)임을 자부했지만 사실 일리가 있는 말이었다. 자기의 공든 탑이 무너지는 모습을 보지 않고 죽었으니까. 도화선은 노예 반란이었다.

기원전 74년 검투사 스파르타쿠스가 노예 우리를 박차고 나왔다.

싸움을 너무 잘 가르쳐 놨더니 이 꼴을 당하네.

노예들은 이탈리아 전역을 휩쓸었고 2년 동안 로마군을 농락했다.

아무래도 검투 시합을 재고해야겠어.

그럼 패배를 인정하는 셈이게?

스파르타쿠스를 격파한 크라수스와 함께 공을 세운 폼페이우스가 노예 수천 명을 십자가에 매달아 처형하고 당당히 로마로 입성하여 집정관 자리를 요구했다.

자요! 자요! 자요! 자요! 자요!

크라수스(영화 〈스파르타쿠스에서 로렌스 올리비에 분〉)는 로마 최고의 갑부로 이재에 밝은 사업가였다. 그는 농장, 보험회사, 소방회사까지 운영했다.

불이야!

로마에서 불이 났다 하면 크라수스의 소방대가 쏜살같이 달려갔다.

크라수스, 만세!

그러나 피해자가 보험가입증서에 서명을 해야만 불을 꺼주었다!

음… 거시기… 어디 보자… 내일 써드리면 안 될까요? 이그, 글씨가 작아서 뭔 소린지 알아야지.

# 삼두정치에서 일인독재까지

크라수스와 폼페이우스는 모두 술라의 심복이었으나 집정관에 오르자 술라의 모든 정책을 폐기했다. 곡물값은 떨어졌고 퇴역 군인은 토지를 분배받았다. 원로원의 협조도 얻었다. 로마는 잠시 안정기로 접어들었다.

서른두 살 먹은 마리우스의 조카 율리우스 카이사르는 깨달은 바가 있었다.

명문 귀족 집안에서 자란 카이사르는 야망, 두뇌, 수완, 정력, 성욕 등에서 타의 추종을 불허하는 인물이었다.

카이사르가 깨달은 것은 무엇이었는고 하니…
쉿! 카이사르다!

기다려!

뭐긴 뭐야… 원로원이 무능하다는 거지. 군벌은 아무도 못 막고, 인민은 나를 원해. 내 말 맞죠, 폼페이우스 부인?

기원전 66년 폼페이우스가 동쪽으로 진군하여 소아시아, 시리아, 팔레스타인을 로마의 영토로 병합하는 동안 카이사르는 로마에 남아 정치를 주물렀다.

만나고
소개받고
꼬시고
구워삶고
먹이고
속이고
폼페이우스의 진격로
예루살렘

(폼페이우스의 예루살렘 진군이 야기한 결과는 다음 권에서 다룰 예정임.)

자신의 지명도를 높이기 위해 카이사르는 크라수스 등에게 돈을 꾸어다가 검투사 양성에 모조리 쏟아부었다. 대중은 검투 시합에 환장했다!

딸꾹, 여보게. 돈이 썩어났나? 나한테 빌린 돈 갚을 거지?

짜게 놀지 맙시다!

폼페이우스가 귀환하자 카이사르는 크라수스와 폼페이우스를 구슬려 3인 동맹을 결성한다.

간단해요. 폼페이우스는 부인과 이혼한 다음 내 딸과 결혼합니다. 부인 걱정은 하지 말고. 이 카이사르가 알아서 할 테니까.

그치만.
그치만.

200

이제 카이사르의 앞길은 훤히 트였다. 그는 군대를 거느리고 갈리아를 침공했다.

역사의 한복판으로 내려가서 내 손으로 역사를 쓰겠노라!

카이사르는 장수로서도 뛰어났다. 빼어난 용병술과 음모, 외교와 끔찍한 학살극을 뒤섞어 마침내 갈리아를 정복했다. 이때 카이사르가 쓴 『갈리아 전쟁기』는 후세의 수많은 라틴어 학도들을 울렸다.

하느님, 저는 착합니다!

이제 3인 동맹은 와해되었다. 크라수스는 멍청하게 이라크를 치다가 죽고 말았다.

카이사르!

로마에서는 폼페이우스가 원로원의 카이사르 반대파를 규합했다.

공화국에 암적인 존재지요!

카이사르가 내릴 결론은 뻔했다.

내 품위가 위협 받고 있다.

안 봐도 알아. 육감이란 게 있거든.

기원전 50~49년의 겨울 카이사르는 로마로 진군했다.

폼페이우스는 그리스로 도망가고, 카이사르가 뒤를 쫓았다.

두 해 동안 로마군과 로마군의 싸움이 벌어졌다.

기원전 44년 3월 15일 일군의 원로원 의원이 카이사르를 에워싸고 칼부림을 했다.
그중에는 타르퀴니우스를 쓰러뜨린 브루투스의 후손인 유니우스 브루투스도 있었다.

거사를 끝낸 원로원 의원은 꿀먹은 벙어리처럼 가만히 있었다. 그러자 카이사르의 심복인 마르쿠스 안토니우스가 과감히 연설을 했다.

동지여, 로마 시민이여, 국민이여! 내가 온 것은 카이사르를 묻기 위해서가 아니라 그의 시신을 거리에 한동안 방치함으로써, 그에 대한 기억이 여러분의 머리에서 사라지기 전에 여러분이…*

* 연설문 전문은 남아 있지 않다.

이번에는 카이사르를 추종하는 사람들이 거리를 휩쓸며 원로원 의원을 죽였다.(그리고 한 원로원 의원과 이름이 같았던 시인도 억울하게 죽었다.)

나는 시인 킨나요! 시인이라니까!

브루투스 일행은 도주했지만 안토니우스와 그의 동료이며 키 작고 병약한 카이사르의 조카 옥타비아누스에게 붙잡혀 죽었다.

여기 로마에서 가장 지체 높은 사람이 누워 있네. 지금은 죽었지만 말이야.

콜록!

# INTRODUCTION

표면적으로는 공화정의 전통을 고수하는 것처럼 보였지만 원로원, 집정관, 감찰관, 정무관, 치안관을 비롯한 모든 공직자는 단 한 사람, 독재관이요 황제요 종신 호민관이요 방금 전에 설명한 프린켑스(제1시민) 카이사르 아우구스투스만을 섬겼다.

로마의 제1시민으로서 아우구스투스는 제국의 변방에 있는 작은 왕국들의 지배자를 선정할 권리를 갖고 있었다. 가령 기원전 4년 유대의 헤롯 왕이 죽었을 때 아우구스투스가 헤롯의 유언집행자 자격을 얻게 되었다.

헤롯의 후계자가 직접 나타났다. 아르켈라우스 왕세자는 자기가 1순위라고 주장했다.

여기 유언장에 제 이름이 적혀 있지 않습니까, 폐하!

그러나 헤롯의 누이 살로메의 생각은 달랐다.

아르켈라우스는 얼간이에요! 소심하고 무능해서 곤란해요!

폐하, 유언장을 쓸 당시 저희 오빠는 제정신이 아니었습니다. 그러니 제발 그 유언장을 무시하시고 제 아들놈을 왕위에 앉혀 주시기 바랍니다!

유대 시민의 목소리는 또 달랐다.

모두 사기꾼입니다! 통촉하여 주소서!

저 살인마를 얼씬도 못하게 만들어야 합니다!

저희를 직접 다스려 주소서!

흠… 괜찮은 생각이로군. 여기서 우리는 그 주장의 배경을 알아볼 필요가 있다.

# 유대의 두 멍에, 헤롯과 빌라도

페르시아 제국의 지배를 받던 시기(기원전 540~330년)에 많은 유대인이 예루살렘으로 돌아가 다시 성전을 세웠다. 그 뒤 알렉산드로스의 지배(기원전 330~323년)가 이어졌지만 큰 변화는 없었다.

알렉산드로스가 죽은 뒤 시리아의 셀레우코스 왕조가 기원전 170년까지 통치했다. 셀레우코스 왕은 모든 백성에게 제우스를 받들도록 명령했다.

여보게들! 희소식이 있네! 나 제우스한테 기도했다! 별거 아니던데!

기원전 400년대의 어느 시기, 페르시아 황제가 예루살렘에 유대인만 살게 한다는 칙령을 공표했다. 성벽이 올라가자 의문이 생겼다. 도대체 누가 유대인인가?

누가 안에 살지?
누가 밖에 살지?

총독 느헤미야와 서기관 에즈라는 유대인의 족보를 집대성했다. 족보를 증명받은 유대인이라도 족보에 올라 있지 않은 사람과 결혼하면 배우자를 내쫓아야 했다. 아이도 예외는 아니었다.

어구구! 잘 가 여보! 인정사정 안 봐주네!

더러는 때리고, 머리카락을 뽑았다.
— 느헤미야서 13장 25절

이런 인종청소가 이웃 민족의 눈에 곱게 보일 리 없었다.

빠드득.
뿌드득.

음... 성이 안전할랑가 모르겠네.

헤롯이 죽은 뒤, 그가 남긴 유언은 마지막 순간에 위조되어 왕위는 맏아들인 아르켈라우스에게 넘어가 아우구스투스의 재가만을 남겨두었다.

아르켈라우스는 성전에 나서서 대중 앞에서 알랑방귀를 뀌었다.

"백성은 곧 하늘이죠 암!"

그날 밤 아르켈라우스의 만찬은 불만의 함성으로 엉망이 되었다.

"정의가 아니면 죽음을! 정의가 아니면 죽음을!"

시위자들은 성전을 점거하고 황금독수리를 제거한 자기 동료들을 처형한 자를 응징하라고 요구했다.

"정의가 아니면 죽음을! 정의가 아니면 죽음을!"

협상은 실패로 돌아가고 아르켈라우스는 군대를 투입해 다시금 학살을…

다음날 아르켈라우스는 로마로 갔다!

"안녕!"

아우구스투스의 판단은 가히 솔로몬적이었다. 그는 헤롯의 왕국을 갈라 각자에게 쪼개 주었다. 유대는 아르켈라우스에게 맡기고 나머지 일부는 그의 이복형제에게, 도시 하나는 살로메에게 등등….

인간들 많기도 하다.

살로메의 말은 옳았다. 아르켈라우스는 얼간이였다. 반란은 계속되고 자칭 메시아가 우후죽순처럼 튀어나왔다!

이놈아! 회개해!

서기 6년 아우구스투스는 아르켈라우스를 폐위하고 멀리 갈리아로 쫓아냈다.

난 안 돼, 난 안 돼, 난 안 돼,

달팽이나 실컷 먹어라!

유대는 처음으로 로마의 직할 통치 아래 들어왔다.

음… 진작에 그래 달라니까.

이제 아우구스투스는 밀림에서 로마의 3개 군단을 격파한 게르만과의 전쟁 같은 산적한 현안으로 관심을 돌릴 수 있었다.

고대의 승리를 기념하여 19세기에 세워진 게르만 전승기념탑.

물론 집안 사정도 골치아팠다.

내 군단… 내 군단 물어내.

여봇!

역사에는 발라도의 공적이 딱 두 가지 언급된다.

그 밖에는 빌라도의 재임중에 특기할 사건이 없었다고 역사는 밝히는데…. 그걸 보면 역사가도 놓치는 부분이 많음을 알 수 있다.

# 기다리던 메시아

당시 구약의 예언 전통은 여전히 남아 있었다.
유대인은 엘리야의 재림을 목놓아 기다렸다.
그들은 이스라엘의 구세주가 오리라는 이사야의 약속을 기억하고 있었다.
온갖 위험에도 불구하고 수많은 떠돌이 설교자가
유대인의 전통적 희망을 자기 목소리로 담아내었다. 그중 하나가
요르단 강에서 목욕을 하면 죄를 씻을 수 있다고 생각한 세례 요한이다.

예수는 또한 랍비, 곧 가르치는 사람이었다. 때로는 이 모든 걸 한 사람이 했나 싶을 정도로 그는 안 건드린 주제가 없다시피 했다.

평화, 사랑, 용서를 역설한 사람
- 온유한 자는 복이 있나니…
- 다른 뺨을 내밀고…
- 구하면 찾을 것이다.

불 같은 심판을 내리는 사람
- 너희들 위선자는 화를 입을지어다!

랍비 중의 랍비
- 그러나「사무엘서」8장 14절 9줄을 보면 배고픈 백성이 안식일에 곡식을 훔치는 것은 위법이 아니므로…
- 그치만! 그치만…

예언자
- 하느님 나라는 겨자씨 같아서…

우상파괴자
- 음식 먹기 전에 손을 씻는다고 깨끗해질 줄 아느냐?
- 그, 글쎄요.
- 더러운 것은 네 입으로 들어간 것이 아니라 나오는 것임을 왜 모르느냐?
- 무슨 소린진 알겠지만 입맛이 달아나네요.
- 알겠나?

의사
- 한 번 쫓겨난 악귀는 일곱 악귀를 더 데리고 나타난다!

공산주의자
- 부자가 하느님 나라로 들어가는 것은 낙타가 바늘귀를 빠져나가는 것보다 어렵다!!

그리고 미식가!!
- 내 피를 마시고 내 살을 먹어야 구원받을 수 있다!
- 음!

# 칼리굴라와 클라우디우스

37년 티베리우스 황제가 서거한다. 인색하고 괴팍했던 늙은 독재자의 뒤를 매력적인 젊은 조카 가이우스가 이었다. 칼리굴라로 불린 그는 삼촌이 쌓아놓은 부를 기반으로 광적인 주연을 베풀었다.

연회를 시작한다!

자기 멋져!

칼리굴라는 미치광이였다. 누이들과 관계를 맺는가 하면, 만찬에 초대한 손님의 부인을 범하고, 한번 웃으면 그칠 줄을 몰랐다.

으하하하하하하하하 히우후후후히히히히….

왜 그러세요?

자네 목을 보고 있다가, 내 말 한마디면 댕강 잘릴 수도 있겠다 생각하니… 후후후후하… 자네도 웃는구먼. 하하하….

헤헤.

칼리굴라의 무모하고 낭비스런 계획 중 하나는 전면적인 '영국 침공'을 위해 영불해협까지 갔다가 철수한 일이다.

국고를 탕진하고 무고한 친구를 수도 없이 죽인 끝에 칼리굴라도 41년 한 근위병에게 살해당한다.

근위대는 왕실을 뒤지며 새로운 황제감을 물색했다.

어리벙벙한 척 행동하여 칼리굴라의 손에 죽지 않고 살아남은 사촌 클라우디우스가 커튼 뒤에 숨어 있었다.

근위대의 손에 끌려나온 클라우디우스는 내키지 않는 황제 자리에 올랐다!

# 신흥종교 기독교

예수의 길을 추종하는 이에게는 중요한 시기였다.
처음 그들은 식사 전에 손을 씻지 않는다든지
'성령에 씌워' 방언을 한다든지 하는
약간의 비정통적 의식을
행하는 유대 종파의 일부에 불과했다.

54년 독버섯을 잘못 먹어 클라우디우스가 죽었다. 로마는 방탕한 청년 네로와 그의 모친 아그리피나를 새 지도자로 맞아들였다.

"월계관 좀 똑바로 쓰렴!"
"앗!"

예나 지금이나 로마의 사치는 곧 속주의 빈곤을 뜻했다! 유대에서는 무거운 세금이 소요를 낳고 투옥과 처형으로 이어졌다.

"잡아다가 천천히 죽여라, 그게 로마식이지…."

로마는 네로의 독무대였다. 수많은 로마 시민을 앞에 두고 네로는 노예인 도리포루스와 결혼하는 장면을 연출했다. 거기다가, 신부 역할은 네로였다.

"남들 앞에서 못할 바에야 차라리 안 하고 말지!"

"그런데 자기 엄마는 어디 갔어?"
"그러고 보니 못 본 지 꽤 되네!"

네로는 자기 엄마도 죽였다.

로마는 유대 땅의 모든 도시를 벗겨먹었다. 사람들은 숨어다니기 바빴다. 총독은 반란 주모자를 잡아들였다가 돈을 내면 풀어주었다.

"로마놈들은 또라이야!"
"열둘, 열셋… 또 보자구!"

64년 대화재로 로마는 불바다가 되었다.

예수님이 말씀하신 대로 세상의 종말이 왔구나!

네로는 부랑자를 불러들여 어떤 파괴분자가 먼저 불을 놓았느냐고 캐물었다.

기독교인들이 좋아서 날뛰더구만입쇼!!

으... 이놈들을!

네로는 당장 기독교인들을 인간 횃불로 만들었고 기독교를 금지했다.

## 요타파타와 요세푸스

66년 일단의 급진 세력인 열심당이 예루살렘 성전을 점거하여 로마군 수비대를 포위하고 무기를 버리면 안전한 퇴로를 열어주겠다고 약속한 다음 모조리 죽였다.

로마의 증원군이 파견되었으나 반군의 강한 저항에 부딪쳤다.

로마군은 도주하고 유대군은 추격에 나섰다.

이 과정에서 반군은 로마군의 중장비를 노획했다.

무장 반군은 마사다 같은 헤롯의 거대한 요새를 속속 점령했고, 예루살렘에 유대인을 대표하는 군사 정권을 수립했다.

마사다

반군은 29세의 요세푸스라는 사제에게 갈릴리의 통치를 맡겼으나 요세푸스는 승산이 없다는 것을 잘 알고 있었다.

끙!

군사력과 지략을 결합하여 요세푸스는 갈릴리를 평정하는 데 성공했다.

항복해라! 너희는 수적으로 열세다!

그는 승무원이 다섯 명도 안 되는 배 230척으로 '해군'을 조직하여 티베리우스라는 도시의 항복을 받아냈다.

그리스 일대를 순방중이던 네로는 영국 원정의 영웅인 베스파시아누스에게 반군 진압 임무를 맡겼다. 베스파시아누스는 아들 티투스와 함께 시리아에서 갈릴리로 직행했다.

요세푸스 군은 로마군의 위용에 압도당하여 뿔뿔이 흩어져…

절벽 위에 자리한 요타파타라는 마을로 도망갔고 베스파시아누스는 그 주위를 포위했다.

저 소리만 들으면 간이 오그라든다니까!

척척척척

요세푸스는 죽을 힘을 다해 로마군의 공격에 맞섰다.

결국 로마군은 성벽을 무너뜨리고 진입로를 확보했다.

요세푸스가 하달한 작전은 이런 식이었다.
"적이 함성을 지르면 귀를 막고,
화살이 날아오면 방패 밑에 숨어라."

"그리고 선제 공격을 퍼부어라!"

그러나 결국 47일 만에 로마군은 입성에 성공하고 요세푸스는 땅구멍으로 숨었다.

로마에서 비텔리우스의 부대는 고대 성전을 파괴하고 베스파시아누스의 몇 안 되는 친척을 요절내고 있었다.

마침내 비텔리우스는 암살당하고 생면부지의 베스파시아누스를 로마 전체가 황제로 떠받들었다. (그의 아들 도미티아누스가 황제 대리를 맡았다.)

동쪽에서는 베스파시아누스가 자축하는 뜻에서 요세푸스의 쇠고랑을 끊어주었다.

봄에 베스파시아누스는 로마로 떠나면서 티투스와 요세푸스를 예루살렘으로 보내 뒷마무리를 부탁했다.

꽃이 만발하고 사람들이 바글거리는 유월절 기간중에 예루살렘에 도착했다.

로마인이 몰려온다!

(기독교도들은 내뺐다. 결과가 너무 뻔했으므로!)

요세푸스는 자신이 쓴 역사서에서 다섯 달 동안 예루살렘이 포위되었을 때를
100쪽 가까이 공들여 묘사한다. 성에 갇힌 시민들, 로마군 막사에 필요한 나무를 대느라
민둥산이 되어버린 주변 언덕, 바깥의 로마군 동태, 성 안의 내분, 돌격과 매복,
유대인에게 항복을 애원하는 자신의 모습, 예루살렘의 식량 부족, 굶주림, 자식을 잡아먹는 어미,
달아나다가 로마군에게 붙들려 황금을 삼켰나 확인하려는 로마군에게 배가 갈린 유대인,
검시소에 기록된 11만 5800구의 시신, 로마군의 기습, 성전에 대한 공격,
매끈매끈한 돌 위에서 미끄러지는 로마군의 투박한 군화, 화염에 휩싸인 성전, 학살당하는 시민….
그러나 이 모두 생략하기로 한다. 끔찍한 유혈 참극은 그리고 싶지 않아서다!

8월 10일 성전은 무너졌다. 9월에 티투스는 헤롯의 탑과 성벽 일부를 제외하고
화려했던 예루살렘 시를 철저히 파괴할 것을 명령했다.

티투스는 아버지처럼 개선장군으로 로마에 들어왔다. 반군 지도자들은 성을 축소해놓은 모형에 사슬로 묶인 채 형장으로 끌려갔다. 요세푸스는 베스파시아누스의 사람이 되어 『유대 전쟁사』를 집필했다. 로마는 살아남았고, 유대인은 나라를 잃었다. 기독교도는 비밀리에 포교를 벌이고 있었다.

# · INTRODUCTION ·

# 6
# 동서 대제국들의 균열

로마 제국 곳곳에 바울과 사도가 전한 신앙을 받아들인
소수의 기독교인 집단이 있었다. 그들은 조심스러웠다.
국법이 금지하는 종교였기 때문이다.

그것은 이례적이었다!
그 당시 사람들은 서로의
신을 존중했으며 로마인은
이방인의 종교를 금지하는
법이 없었기 때문이다.
기독교 말고 로마의 탄압을
받은 종교는 갈리아의
드루이드교뿐이었다.

트라야누스는 아량이 넓었다. 그의 치세 동안(98~117년)에 제국은 도나우 강을 넘어 다키아(지금의 루마니아)까지 뻗었다. 로마의 트라야누스 광장은 엄청 넓었다.
트라야누스 때의 안정과 평화를 바탕으로 이후 안토니우스 시대에 로마 제국은 번영을 누렸다.

사상 최초로 서유럽과 중국해에 거대한 문명 제국이 들어서서 물자와 사상과 병균을 주고받았다.

트라야누스를 계승한 하드리아누스는 유대인의 마지막 저항을 눌렀다. 하드리아누스가 유대에 로마의 종교를 이식하려 하자 랍비 아키바의 정신적 후원 아래 시몬 바르 코크바가 폭동을 일으켰다.

"이번에는 자네가 메시아야!"

바르 코크바 기념주화

하드리아누스는 예루살렘의 폐허에 아일리아 카피톨리나라는 새 도시를 지은 뒤 유대인은 근처에 얼씬도 못하게 만들었다. 그래서 전 세계의 유대인은 '내년에는 예루살렘에서'라는 슬픈 기도를 되뇌게 되었다.

"음… 아무래도 내후년에나 와야…"

3년간의 항쟁 끝에 50만 명이 죽고 바르 코크바는 전사하고 랍비도 고문 받다 죽었다.

# 로마와 중국 사이

로마와 중국 사이에 가로놓인 땅에서 다음과 같은 일이 벌어지고 있었다.

라인 강 너머 삼림지대에는 게르만인이 살고 있었다. 로마의 영향을 받았음에도 일부 부족은 아직도 사람을 변소에 산 채로 담그는 등 제물로 바쳤다.

페르시아에서는 파르티아 왕조가 전쟁에 갑옷을 도입했다.

뭍으로 뻗은 국제 교역로 '실크로드'의 종착점이 이곳이었다.

알렉산드리아는 제국의 인종적 도가니였다. 그리스인·유대인·시리아인·이집트인·힌두인이 가끔 티격태격하긴 했지만 평화롭게 공존했다.

로마 세력에 밀려난 북아프리카인이 가나 왕국을 세운 것도 이 무렵이다.

기원전 150년경 중국에서 쫓겨난 훈족의 일파인 대월지가 기나긴 장정 끝에 힌두쿠시 산맥까지 이르렀다.

서기 9년 한을 무너뜨린 왕망도 눈썹을 붉게 물들인 적미군에게 무너진다. 이 비밀 결사는 한나라의 왕족인 유수에게 분쇄된다. 25년 유수가 세운 후한 왕조는 200년 가까이 지속되었다.

대월지는 북인도를 점령하여 쿠산 왕조(78~220년경)를 세우고 토착 왕족을 남쪽으로 몰아냈다.

중국인이 야만스럽다고 여긴 동남아시아 곳곳에는 힌두 무역상의 식민지가 있었는데 로마 주화가 그곳까지 흘러들어왔다.

남인도에는 번성한 무역항이 많았는데 그중 코친에는 70년 예루살렘의 붕괴 이후 유대인 난민이 몰려들었다.

# 삼국지

중국의 한 왕조는 더욱
번창했으나 국제적 무법자인
병원균이 바야흐로
이곳까지 도달하여…

161년 역병이 북중국을 휩쓸었다. 정확한 질병의 이름은 알려진 바 없지만
좌우지간 열 명 중 세 명꼴로 죽었다. 한 사회가 결단난 것이다!

수도 장안에서는 동원령을 내렸다.

전국 각지의 군벌이 군사를 일으켰다. 황제의 먼 사촌뻘이며 귓불이 길기로 유명한 약골 유비도 그중 한 사람이었다.

도와줄게! 순전히 이타적 애국적 성인군자적 동기에서!

이들 군대는 황건적과 일련의 전투를 벌였다.

황건적은 패퇴하고 장각은 목이 잘렸다.

이제 정부는 황건적 대신 자기네가 불러모은 군벌 세력을 걱정해야 했다!

멍청이!

**알림:**
다음에 소개될 내용은 엄격히 말해서 역사는 아닙니다. 이것은 일종의 역사소설이라 할 수 있는 『삼국지연의』에서 따온 내용입니다!

서양의 역사소설과는 달리 『삼국지연의』에는 허구의 인물이 없습니다. 모두가 실존 인물입니다. 한 왕조의 붕괴를 둘러싼 이야기가 펼쳐집니다.『전쟁과 평화』보다는 『아서왕』 같은…

『삼국지연의』는 중국 문학의 고전으로 손꼽힙니다. 그래서 독자에게 소개하고 싶으나 사실 타임머신이 이해할 수 있는 언어로 적힌 그 당시의 역사책도 없는 실정입니다.

자, 다시 과거로 훌쩍 돌아갈까요!

황제는 죽어가고 있었고 두 소년이 후계자 물망에 올랐다.

변 소년의 모친은 천민 출신의 하씨 성을 가진 왕비였고 그 오빠 하진은 개백정에서 군벌로 벼락출세했다.

또 다른 소년 협은 후궁의 아들이었으나 늙은 황제의 모친과 실세를 쥔 환관의 지지를 받고 있었다.

황제가 죽자 하진은 시신이 안치된 방으로 뛰어들어와 환관을 죽이고 변을 새로운 황제로 옹립했다.

늙은 태후까지 손쉽게 처치했으나 환관들 모두를 소탕하기에는 역부족이었다.

죽여도 죽여도 끝이 없구나!

마침내 하진은 계책을 꾸몄다. 동원령을 재차 발동하여 지방의 군웅 세력을 불러모은 것이다.

하진, 빈대 잡으려다 초가삼간 태우겠수!!

글쎄… 한번 믿어봐.

죽은 태후의 친척이며 환관들과 가까운
동탁이 군대를 거느리고 왔다.
동탁은 성 밖에서 진을 쳤다.

성 안에서는 환관들이 누이가 부른다고 속여
여자의 처소로 하진을 끌어들였다.
하진의 부하가 밖에서 기다렸으나 결국…

하진의 부하는 궁으로 난입하여
환관을 닥치는 대로 죽였다.

그러자 동탁이 하진의 세력을 격퇴하고
협을 황제로 옹립하여 하씨 일족의
전횡을 끝냈다.

동탁을 제거하려는 음모가 전개되었다.
조조라는 관리가 그를 죽이려고 했다.
그러나 검광 때문에 들켰다.

그러나 조조는 임기응변으로
위기를 모면한다.

조조는 동탁을 치자는 격문을 돌려 대군을 모았다.

그들은 장안으로 밀고 갔다.

동탁은 어린 황제와 수많은 주민을 거느리고 도주했다.

그러나 동탁은 여자 문제로 입씨름을 벌이다가 측근에게 살해당한다.

황제는 시골로 피신하지만 기근이 들어 황건적이 다시 발호한다.

마침내 조조가 황제를 구원한다.

조조는 한나라의 승상이 되었다.

한편 어려운 시기에는 사람들이 얼마나 주술가를 떠받들거나 두려워했는가를 말해 주는 일화가 있다.

조조가 북쪽에서 부상하는 동안 남쪽은 양쯔 강 함대를 거느린 손씨 집안이 지배하고 있었다.

어느 날 손씨 집안의 어른이 보니 밖에서 시끄러운 소리가 났다.

신통한 의술로 이름이 알려진 도인 주위에 사람들이 모여 있었다.

몇십 년의 관록을 자랑하는데 백발백중입니다. 성인이 따로 없죠.

순진하기는. 저런 자는 암 같은 존재야!

도인이 갖고 있던 의학서는 황건적의 바이블인 『태평경』이었다. 날벼락이 떨어졌다!

저 자가 치료하면 치료받은 사람은 역적이 되고, 치료하지 않으면 죽잖아!

당장 화형에 처하게!

화형에 처하려는데 도인이 요술로 장대비를 퍼부어 대신 목을 잘랐다는 전설이 있다.

다 사기라니까!

도인의 혼백에 시달린 손 대인이 몇 주 뒤에 숨을 거두었다.

메롱! 전쟁에서 입은 네놈 상처를 덧나게 했지롱!

귓불이 큰 왕족 유비는
도인에 대해
다른 태도를 보였다.

유비 일행은 통치 능력이 별로 없었다. 문제는 그가 너무
예의바르고 얌전하고 고상하다는 데 있었다.

"형님은 너무 성인군자적이셔!"
"뒤통수 칠 줄도 모르고…"
"좀 덜 너그러워야 한다니까!"
"도인이 필요하다!"

유비는 정치의 문외한인 제갈량을 찾아갔다.
제갈량은 은자이자 학자이면서 마법사였다.

"가쇼! 내일 오소!"
"와! 정말 질기다!"

그러나 제갈량에게는 달리 생각이 있었다.

"북쪽은 조조가 잡고 있고, 남쪽은 손씨가 잡고 있소.
호랑이와 봉황이 싸우는 틈에 귓불 선생께서는 서쪽을
집어삼킨다 이 말씀… 감이 잡혀?"

"띵호아!"

제갈량은 귀신 같은 용병술과 지략으로 유비의 군대를
막강한 세력으로 키웠다. 특히 그는 바람과 불을
자유자재로 다루었다.

이제 유비는
무시 못할 존재가 되었다.

"고마워!"

치밀한 전략에 따라 매복과 아슬아슬한
도주를 거듭하던 유비는 손권의 군사와
연합하기 위해 남쪽으로 향한다.

북쪽에서는 조조가 대군을 거느리고 뒤쫓아왔다.

양쯔 강을 사이에 두고 끝없이 긴 전선이 대치했다.
조조의 해군은 수에서 남쪽을 압도했으나 해전 경험은 별로 없었다.

꼬인다 꼬여!

남쪽 장수가 제갈량에게 무기 지원을 요청했다.
제갈량은 사흘 안에 화살 10만 개를 주기로 약속했다.

고맙소!
두고 보자,
납작코가 될 테니!

제갈량은 배 스무 척의 뱃전을 밀짚으로 묶은 다음
사흘째 되는 날 짙은 안개를 뚫고 강을 건넜다.

조조의 진영에 접근하여 북을 두드리고 고함을 질렀다.
놀란 북군이 공격을 개시했다.

둥 둥

제갈량의 배는 10만 개의 화살을 꽂고 돌아왔다.

적군의
화살이니
일석이조지!

바람이 조조의 군대 쪽으로 불자 남군은 전함을 몰고 가서 발이 묶인 북군의 배에 불을 질렀다. 적진은 잿더미로 변했다. 이것이 208년에 일어난 적벽대전이다.

이 전쟁은 중국의 운명을 바꾸었다. 이후 40년 동안 중국은 세 나라로 쪼개졌다.
조조가 북부를 장악하고, 제갈량의 지원 아래 유비가 서부를 통치하고,
손권이 남부를 다스렸다.

265년 이후
피폐해진 화북 땅으로
티베트족, 훈족을
필두로 이민족의 침입이
시작되어 316년에는
수수께끼의 선비족이,
386년에는 중앙아시아의
유목민족인 탁발씨가
쳐들어왔다.
수많은 중국인이
남쪽으로 밀려가
고온다습한 새로운
환경에 적응해야 했다.

가서 벼농사나 짓자!

북위를 세워 한 세기 이상(400~530년) 화북을 지배한 선비족 탁발씨는 쭈욱 영향을 미쳤다. 그들은 불교도였다.

불교?

그때까지 불교는 중국에서 이방 종교였으나 탁발씨가 그것을 장려했다.

자… 여기 유학자 님이 알아들을 수 있는 말로 루파, 베다나, 삼즈냐, 삼스카라, 비즈냐나, 다르마, 삼보가, 니르바나 등등을 옮겨서 설명해드려.

해보죠.

불교는 북위의 국교가 되었다. 정부는 사찰을 짓고 인도의 영향을 받은 이 석굴 조각과 같은 거대한 사업을 벌였다.

희한하게 사람을 당기는 매력이 있구만.

탁발씨는 중국의 관습을 받아들였지만 자신을 오랑캐로 폄하하는 유교만은 수용할 수 없었다. 불교는 모든 계층의 모든 인간을 똑같이 포용했다.

불교도는 또 자기네끼리 이견을 보였다.
분파가 쪼개져서 각각 다른 '경전'을 받들었다.

그러나 종교간 갈등이 전면적인 분쟁으로 치닫는 일은 없었다.*

* 훨씬 나중에 불교배척운동이 벌어지기는 하지만….

중국의 지식인은 서로 견해가 다르더라도 술 한 잔 걸치며 담소하기를 즐겼다.

물어봅시다. 당신네 불교는 개인의 영혼을 부정하면서 어떻게 윤회를 믿는다는 거요?

그게 좀 어려운데.

맞아.

차이점도 있지만 몇 가지 공통점도 찾을 수 있었다.

당신네가 연민과 구제를 강조하듯 딸꾹! 우리는 짐승과 다른 사람다움을 강조하지.

궁극의 현실은 알 수가 없는 법이오.

특히 술을 마신 지금은!

그래서 중국인은 진리는 하나지만 길은 셋이라는 구호 아래 이 모든 가르침을 하나로 묶으면서 589년 다시 통일을 이루어냈다.

로마의 사정은 약간 달랐다.

좌우간 이런 돼먹지 않은 세상에서는 우리네 유가는 쓸모가 없다니까!!

쓸모 없는 게 뭐 어때서?

# 무너지는 팍스로마나

# 게르만의 압박

로마가 멸망한 것은 괴질이나 페르시아 때문이 아니었다.
바로 라인 강 너머 삼림지대에 살고 있던 종족, 즉 마르코만니족, 프랑크족, 주트족,
고트족, 반달족, 수에비족 같은 '게르만족'이라는 부족 집단이었다.

로마를 정복하라!
로마를 정복하라아아아!

로마가 기우는 동안 게르만족은 팽창했다. 250년경 게르만족은 갈리아를 침공했고 일부는 도나우 강을 따라 흑해까지 이르렀다.

도나우 강 하구에 해군을 결성했는데 그 규모는 함정 500척이었다는 설도 있고 2000척이었다는 설도 있다.

1...
2...
3...

268년 32만 명의 대군이 보스포루스 해협을 건너 그리스를 휩쓸면서 로마의 숨통을 죄었다.

319,998　319,999　320,000

로마는 바람 앞의 촛불 신세였으나 무너지지는 않았다. 갈리에누스 황제가 로마 기마군에 새로운 개념을 도입한 덕이었다. 로마군은 무어인의 투창과 시리아인의 활, 그리고 무엇보다도 페르시아식 중무장 갑옷을 채택했다.

268년 로마군은 나이수스(지금의 세르비아 지방)에서 게르만족과 붙어 대승을 거두었다. 로마가 3세기에 올린 가장 뛰어난 전과였다.

그러나 아직 등자가 발명되지 않아 무거운 갑옷으로 무장한 기병은 거동이 부자연스러웠다.

말에 오르려면 노련한 조수가 필요했다. 발렌티니아누스 황제는 솜씨가 서투르다는 이유로 마부를 처형한 일도 있다.

중국에서 발명된 등자는 처음에는 엄밀히 말해서 남의 도움 없이 말을 타는 데 이용되었다.

갈리에누스는 그리스 침공군을 분쇄했으며 그가 암살당한 후 후계자가 갈리아를 되찾았다. 280년이 되자 로마는 평온해졌다.

10년 동안 다섯 명의 황제를 갈아치운 폭동과 음모 끝에 군부는 284년 디오클레티아누스를 황제로 옹립한다. 디오클레티아누스는 음모를 꾸민 주동자를 색출하여 처단했다.

디오클레티아누스와 함께 로마는 화려함과 비참함이 공존하는 새로운 시대로 접어들었다.

 혈기왕성한 디오클레티아누스 황제는 몇 가지 이유로 유명해졌다.

서로마 제국
동로마 제국

농노제를 고안했다. 인구 이동으로 조세 수입이 감소되는 것을 막기 위해 소작농은 지주의 농장 밖으로 나갈 수 없도록 못박았다. 소작농의 운신을 제한하는 이 법은 천 년도 넘게 지속되었다!!

"한번 농노로 떨어지면 벗어날 길이 없습니다요!"

그는 살아서 공직에서 물러났다. 305년 퇴위하여 크로아티아의 스플리트에 있는 어마어마한 왕궁에서 정원을 가꾸며 여생을 보냈다.

그는 기독교 박해로도 유명하다. 디오클레티아누스가 새로 도읍을 정한 니코메디아의 왕궁 바로 맞은편에 교회가 있었다. 이 교회의 신자 중에는 로마의 관료와 심지어는 디오클레티아누스의 가족도 있었다.

때는 298년 어느 날, 황실의 점쟁이가 점치는 데 실패했다.

점쟁이는 방 안에 있던 기독교도 탓이라고 주장했다. 기독교도들은 마귀를 몰아내기 위해 부지런히 성호를 그었다.

처음에 디오클레티아누스는 부드럽게 나갔다. 그러나 부황제인 갈레리우스의 부추김으로 교회를 폐쇄하고 성경을 불태우고 주교를 체포하라는 명령을 내렸다.

디오클레티아누스가 퇴위한 뒤 갈레리우스는 더욱 집요해져서 기독교도의 다리 힘줄을 끊어 광산에 보내거나 토굴에 가두었다.

## 콘스탄티노플에서 아드리아노플까지

서쪽에서 로마 최초의 기독교도 황제 콘스탄티누스 1세가 나타났다.

이랴!
이랴!

콘스탄티누스 1세의 아버지는 서로마 황제였다. 아버지가 죽어갈 때 콘스탄티누스는 재빨리 달려와 임종을 지켰다.

아버지! 저 왔어요! 이제 눈감으셔도 돼요!

그러나 콘스탄티누스 1세는 디오클레티아누스의 재가가 떨어지기도 전에 황제로 떠받들어졌다.

하일, 콘스탄티누스!!

아, 눈부셔라! 태양에 십자가가 보이네!

걱정 마시라! 콘스탄티누스 1세는 맞붙을 각오가 되어 있었다! 갈레리우스가 죽자마자(311년) 콘스탄티누스 1세는 군사력을 확충했다.

제군들! 나한테 기발한 생각이 떠올랐어. 평화의 왕을 위해 검을 들자! 어때?

$xp$=CHI RHO : 그리스도의 그리스어 약자

312년 그는 로마로 입성했다.

제국 전역에서 기독교도 박해가 갑자기 뚝 끊겼다. 그뿐이 아니었다.
토굴 밖으로 나온 기독교도에게 콘스탄티누스 1세는 특전을 베풀었다!

종교적 열정에 휩싸인 기독교도가 이교도의 사원을 한두 군데 부수었을 때도 황제는 눈감아주었다.

콘스탄티누스 1세가 받아들일 수 없었던 유일한 기독교 관습은 세례였다.

그러나 콘스탄티누스 1세는 반쪽 제국으로는 만족할 수 없었다. 동로마 황제 리키니우스와 싸움을 벌여 325년에 로마를 장악했다. 기독교도는 기뻐하고 이교도는 불안에 떨었다!

콘스탄티누스 1세는 마지막 순간에 세례를 받고 337년 눈을 감았다.

두 아들 콘스탄스와 콘스탄티우스는 제국을 양분하여 수많은 적수와 사촌을 죽이고 기독교를 장려했다.

비록 아리우스파긴 했지만 울필라스 같은 선교사는 게르만족을 개종하러 가서 약간의 성과를 거두었다.

그러나 갈리아를 다시 침공하는 게르만족을 막기에는 역부족이었다. 로마군은 전의를 상실했다.

여러 차례 패배를 맛본 뒤에 콘스탄티우스는 전에 죽인 사촌의 아들인 율리아누스를 사령관에 앉혔다.

전투 경험은 없고 철학 공부만 한 율리아누스였지만 그의 탁월한 지휘 능력 앞에 특히 게르만족은 맥을 못췄다.

삽시간에 게르만족을 원래의 터전으로 몰아냈다.

놀랄 일이 벌어졌다. 율리아누스가 수도로 진군하여 돌연 황제에 오른 것이다.(361년) 더욱 놀라운 것은…

내가 제우스 신을 섬긴다는 거!

율리아누스는 이교도로부터 빼앗은 재산을 반환하라고 기독교 교회에 지시했다.

하, 하, 하, 하지만.

그저 땅, 건물, 금만 내놓으면 돼!

그러나 기독교도를 박해하지는 않았다.

가만 놔둬도 자기네끼리 박해하거든!

악마, 악마!

생활이 검소했던 황제는 미용사와 주방장과 환관을 궁 밖으로 쫓아냈다. 직업 재교육도 안 시키고…

악마, 악마!

으악!

326년 율리아누스가 페르시아 정벌에 나서지 않았으면 역사는 달라졌을지도 모른다. 그는 미지의 땅으로 무모하게 나섰다가 병력 대부분을 잃고 전사했다. 유럽의 역사를 바꾸어 놓았을지도 모를 아쉬운 재난이었다.

율리아누스가 죽은 뒤 발렌티니아누스 황제가 등극하자 기독교도는 다시 좋은 시절을 맞았다. 신임 황제는 음모와 마술에만 관심이 깊은 포악한 인물이었지만 어쨌든 기독교도였다.

율리아누스건 발렌티니아누스건 그 누구건 다음에 온 사태를 과연 극복할 수 있었을지 단언하긴 어렵습니다. 어쨌든 4세기는 중국이 거듭 유린되던 시기였습니다!

중앙아시아가 시끄러웠습니다. 기온이 떨어져서 사람들이 이동을 시작한 것 같습니다.

이동의 경로를 모두 추적하기는 어렵지만 어쨌든 불만이 고조되었을 것이다.

발렌티니아누스는 어렴풋이 사태의 전모를 깨닫고 있었지만 울화통을 터뜨리다가 혈압이 치솟아 사망했다.

동생인 신임 황제 발렌스는 도나우 강을 무대로 활동하던 게르만족의 일파인 서고트족 대표단의 방문을 받았다.

그들은 알라니족과 훈족이 자기네 농토와 성을 약탈했다고 하소연했다.

그들은 놀라운 요청을 했다. 서고트족 전체가 강을 건너 로마의 영토로 들어오겠다는 것이다.

발렌스는 허락했다.

국경에서 무기 검사는 받아야 해!!

네!

376년 봄 서고트족은 강을 건넜다. 그리고 그 틈에 꼽사리를 끼는 게르만족도 있었다.

발렌스는 378년 8월 9일 아드리아노플에서 고트족과 붙었다. 로마 제국에게는 운명의 날이었다.

전쟁이 끝났을 때 황제를 포함하여 로마군은 거의 전멸했다. 황제의 시신은 발견되지 않았다.

문명국도 별 수 없구만!

그 소식이 콘스탄티노플에 닿자 한 장군이 약삭빠르게 동로마의 모든 사령관에게 비밀 지시를 보냈다.

아시아의 우리 부대는 고트족 투성이다. 국가 안보가 위태로워. 다행히 우리 로마군이 잔인하기에 망정이지…

모든 고트족 병사는 새벽에 소집되었다.

차렷!!

그리고 매복하고 있던 로마군에게 몰살당했다.

여기서 테오도시우스는 새로운 구상에 착수하여 이교도와 이단의 씨를 말리기로 작정한다.

로마 교회의 추종자들로 하여금 동로마 교회를 접수하도록 하고 아리우스파를 몰아낸다.

이교도의 성전을 약탈하는 폭도의 만행을 방치했다.

이교도적이거나 세속적이거나 그냥 오래된 물건으로 꽉 찬 사원과 도서관을 공격하는 이집트 광신도의 폭력을 사주했다.

그러나 밀라노의 암브로시우스 교황이 행사한 권력에 비하면 이 정도는 약과였다. 내용인즉…

390년 테오도시우스 휘하의 장군 부테리크가 그리스의 테살로니카에서 폭행을 당했다.

보복으로 황제는 테살로니카의 선량한 시민들을 학살했다.

암브로시우스 교황은 테오도시우스에게 일 년간 근신령을 내렸다. 이제 교회가 국가를 지배했다!

몇 달 뒤 테오도시우스는 죽었다.
두 아들이 제국을 양분했다.
아르카디우스는 동쪽에 남고
호노리우스는 로마에 남았다. 그러나
로마는 예전의 로마가 아니었다.

"아버지가 사원을 벗겨먹은 뒤로는 되는 일이 없어."

자세한 기록은 없지만 호노리우스는 알라리크라는 고트족 왕과 약간의 알력이 있었던 모양이다. 그래서 수도를 늪지대에 안전하게 둘러싸인 라벤나로 옮겼다.

"여기까지 뚫고 들어올 수 있는 건 고트산 모기밖에 없어."

여기서 알라리크는 라벤나를 무시하고 곧장 로마로 진군했다.

"쓸어 버려!"

로마에 도착한 알라리크는 황금 5000근과 후추 3000근을 요구했다. 당시 오간 대화는…

"조심해 알라리크! 우리는 너희보다 많은데다 이판사판이라구!"

"잔디가 촘촘하면 깎기도 쉽다네!"

후추가 동이 나자 고트족은 두 번째로 찾아왔고 시민들은 성문을 열어주었다.

세번째 방문은 410년에 있었다.

"나 원, 싱거워서!!"

로마를 약탈당한 제국은 사기가 떨어지고 수에비족, 프랑크족, 반달족은 기가 살아 유럽 전역을 마음껏 휘젓고 다녔다.

갈리아 사람들은 게르만족이 영토를 쪼개도 끽소리 못했다.

조금 양심이 찔렸던지 게르만족은 이단 아리우스파를 내몰고 대부분 가톨릭으로 돌아섰다.

예외는 북아프리카를 정복한 반달족이었다. 그들은 가톨릭 교도로부터 혀를 채찍질당하는 곤욕을 치른 뒤 2000명의 가톨릭교도 혀를 잘랐다.

453년 반달족은 로마를 침공하여 가공할 만행을 저질렀다. 지금도 파괴행위를 일컬어 반달리즘이라고 한다.

440년 무렵에는 아틸라가 이끄는 훈족이 유럽을 유린했다.

그러나 아틸라가 죽자 훈족도 맥을 못 추었다.

유럽은 야만스런 국가들에 의해 분할되고 게르만족의 왕실과 교황은 로마에 있었다. 교황은 지금까지 거기 있고…

그러나 동로마는 건재했다! 프로코피우스라는 역사가 덕분에 500년대 콘스탄티노플의 생활상을 엿볼 수 있다. 경기장에 운집한 관중은 청색파과 녹색파로 나뉘어 시합을 응원했다.

나이트클럽에서는 테오도라라는 이름난 무희가 잘 훈련된 거위와 '레다와 백조'를 공연했다.

이 공연은 결국 그리스 신화와 기독교 도덕을 동시에 조롱한 셈이었다!

너는 성자다!

관람하던 유스티니아누스 황태자는 사랑에 빠졌다!*

* 본명은 페트루스 사바티우스다. 유스티니아누스라는 이름은 삼촌이었던 유스티누스 1세에서 따온 것이다.

황태자는 무희와 결혼하고 유스티니아누스와 테오도라는 황제와 황후가 되었다.

어흠, 임자. 이제 저 거위는 잊어버려요.

유럽은 빈곤과 무지의 수렁에 빠져들었다.
중국은 당나라로 통일되어 새롭게 일어섰다.
그리고 그 사이에 놓인 지역은 예기치 않은 방향으로부터
어떤 방문객을 맞이하게 된다.
다음에는…

크! 스와미한테 시계를 빼앗긴 뒤로는 시간 감각이 없어졌어요!

『최초의 도시들 The first cities』
D. Hamblin 지음. 하라파의 화산 매몰 유적에 대한 놀라운 자료.

『리그 베다 The Rig Veda』
W. O'Flaherty 옮김. 초기 아리아인이 소마 등을 노래한다.

『고대 인도의 일상생활 Daily Life in Ancient India』 J. Auboyer 지음. 아소카 시대의 사회상.

『인도: 아잔타 동굴 회화 India : Paintings from the Ajanta Caves』
N. Y. Graphic Society & UNESCO 펴냄. 화려한 불교 벽화.

『세계사 편력 Glimpses of World History』
J. Nehru 지음. H. G. Wells의 세계사에 대한 통렬한 대안 역사서.

『경이로운 인도의 옛모습 The Wonder That Was India』
A. L. Basham 지음. 놀랍도록 자세하고 논증이 객관적이며 문장도 유려하다. 타밀의 전통도 다루고 있다.

『인도 전통 문헌 Sources of Indian Tradition』 A. T. Embree 엮음. 다수의 짧은 발췌문.

『인도의 무신론 Indian Atheism』
D. Chattopadhyaya 지음. 인도 철학에 나타나는 놀라운 무신론 전통을 소개한다.

『로카야타, 고대 인도 유물론 연구 Lokayata, A Study of Ancient Indian Materialism』 D. Chattopadhyaya 지음. 빈약한 기록으로부터의 재구성.

『바가바드 기타 Bhagavad Gita』
A. Stafford 옮김.

『크리슈나, 신성의 궁극적 구현 Krishna, The Supreme Personality of Godhead』 A. C. Bhaktivedenta Swami Prabhupada 지음. 진정한 구도인의 설명.

『인도 신화 Indian Mythology』
V. Ions 지음. 좋은 도감.

『힌두 신화 Hindu Myths』
W. O'Flaherty 옮김. 다양한 내용을 소개.

『판차탄트라 The Panchatantra』
A. Ryder 옮김. 동물 우화. 이솝 이야기의 원조로 일컬어진다.

『인도 India』
M. Hürlimann 지음. 최고의 사진집.

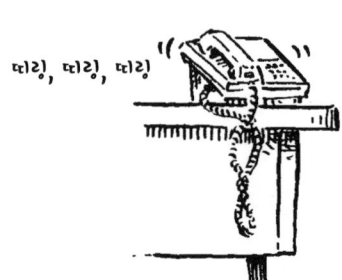

출판사도 나처럼 시간 감각이 없어지면 좀 좋아!

308

"시장한테 편지를 보내도 감감무소식이야! 해서 거리 이름을 직접 만들고 있소!"

『고대 중국의 고고학 The Archaeology of Ancient China』 Chang, K.-C. 지음. 항아리와 뼈 사이에 대담한 추론의 단편이 묻혀 있다. 파보시도록!

『장자 Complete Works』 장자 지음. B. Watson 옮김. 무익하면 잘못인가?

『논어 Analects』 공자 지음. A. Waley 옮김. 성인의 말씀을 제자들이 모아 엮은 것.

『중국 전통 문헌 Sources of Chinese Tradition』 Debary, Chan & Watson 엮음. 다수의 명쾌한 발췌문.

『지평총서 중국의 예술 The Horizon Book of the Arts of China』 「호리즌」 편집부 펴냄. 풍성한 도감.

『지평 중국사 The Horizon History of China』 C. P. Fitzgerald 지음. 좀더 풍성한 도감에다 사려 깊은 글도 수록. 좋은 책.

『문집 Works』 순자 지음. 관료제와 권위에 대한 노골적 옹호.

『고대중국의 과학기술 Ancient China's Technology and Science』 자연과학사연구소, 북경. 비단에 관한 설명이 충실함.

『도덕경 Tao Te Ching』 노자 지음. 진지한 사람은 주석이 많이 달린 판을 볼 것.

『중국의 고전 The Chinese Classics』 J. Legge 옮김. 5권짜리 대작. 중국의 주요한 역사서와 시문학을 충실한 각주와 함께 번역한 학문적 깊이가 돋보이는 책.

『중국 문명의 본질 The Essence of Chinese Civillization』 D. Li 옮김. 풍부한 발췌문.

『초기 중국제국의 일상생활 Everyday Life in Early Imperial China』 M. Loewe 지음. 무지 얇다.

『고대 중국 Ancient China』 E. Schafer & 「타임라이프」 편집부 엮음. 실망스러움.

『중국, 예술로 본 역사 China, A History in Art』 B. Smith & W. Weng 지음. 평범하지 않은 좋은 도감.

『사기 Records of the Historian』 사마천 지음. 중국의 가장 위대한 역사가를 만나게 된다! 읽으면 읽을수록 새로운 맛이 남!

『손자병법 The Art of War』 손자 지음. 빨리 읽힌다. 기업 '전사'들에게도 많이 읽힌다고!

『맹자, 인간과 사상 Mencius, The Man and His Ideas』 A. Ver Wilghen 지음.

『고대 중국 Ancient China: Discoveries of Post-Liberation Archaeology』 W. Watson 지음.

"중국사를 읽으면 희한한 것이, 30분만 지나면 알고 싶은 게 많아서 좀이 쑤신다는 거죠!"

『고백록 *Confessions*』, Augustine 지음, J. G. Pilkington 옮김, N. Y., Liveright Publishing Corp., 1943. 촉촉하고 짜릿한 반성의 글.

『미메시스 *Mimesis*』, E. Auerbach 지음, E. Trask 옮김, Garden City, N. Y., Doubleday Anchor, 1953. 문학과 감성과 서구 문명을 다룬 역작.

『고대 로마의 생활과 여가 *Life and Leisure in Ancient Rome*』, J. P. V. D. Balsdon 지음, N. Y., Mcgraw-Hill, 1969.

『로마의 여성들 *Roman Women: Their History and Habits*』, J. P. V. D. Balsdon 지음, Conneticut, Greenwood Press, 1975. 좋은 자료.

『중국 전통 문헌 *Sources of Chinese Tradition*』 W. T. De Bary 지음, Columbia U. P., 1960. 중국 고전으로부터의 짧은 발췌.

『고대의 공학자들 *The Ancient Engineers*』 L. S. De Camp 지음, Doubleday, 1963. 벽돌과 반죽.

『고대 로마의 일상생활 *Daily Life in Ancient Rome*』 J. Carcopino 지음, E. O. Lorimer 옮김, New Haven, Yale U. P., 1963. 쓰레기 처리, 경마에 대한 상세한 기술.

『케임브리지 고대사 8권 *The Cambridge Ancient History Volume VII*』 S. A. Cook, F. E. Adcock, M. P. Charlesworth 엮음. Cambridge, The U. P., 1928.

『케임브리지 고대사 9권 *The Cambridge Ancient History Volume IX*』 S. A. Cook, F. E. Adcock, M. P. Charlesworth 엮음. Cambridge, The U. P., 1966. 웅대함.

『로마 세계 전도 *Atlas of the Roman World*』 T. Cornell, & J. Matthews 지음, Facts on File, Ins., 1982. 놀라우리만큼 자세한 역사적 서술에다 뛰어난 도록.

『중국사 *A History of China*』 W. Eberhard 지음, Berkeley U. P., 1977. 다른 것보다 약간 자세함.

『교회사 *The Ecclesiastical History*』 Eusebius 지음, J. E. L. Oulton 옮김, Loeb Classical Library, Harvard U. P., 1964. 열 받지 말고 읽어보시기를!

『로마제국쇠망사 *The Decline and Fall of the Roman Empire*』 E. Gibbon, 지음, Modern Library, 학문적이며 신중하며 자신만만하게 쓰인 역작.

『로마 민족의 역사 *A History of the Roman People*』 F. M. Heichelheim, & C. A. Yeo 지음, Englewood Cliffs, N. J., Prentice-Hall, 1962. 콘스탄티누스 시대에 대한 좋은 개괄서.

『테오도시우스의 황후들 *Theodosian Empresses*』 Berkeley U. P., 1982. 동로마 교회의 역사에 관한 흥미로운 대목.

『후기 로마 제국 284~602 *The Later Roman Empire 284~602*』 A. H. M. Jones 지음, Oklahoma U. P., 1964. 후기 로마의 징세제도와 음식에 대해서 알고 싶었던 모든 것.

『유대전쟁 The Jewish War』 Josephus 지음,
G. A. Williamson 옮김, Penguin, 1969. 필독서!!!

『로마사 A History of Rome』 Livy 지음,
M. Hadas & J. P. Poe 부분 옮김, The Modern Library, 1962.
신빙성은 몰라도 잘 읽히는 책.

『삼국지 Romance of the Three Kingdoms』 Volume I,
나관중 지음. C. H. Brewitt-Taylor 옮김, Rutland, Vt.,
Charles e Tuttle, 1976. 웅대한 서사시.

『훈족의 세계 The World the Huns』 Otto J. Maenchen-Helfen 지음,
Berkeley U. P. 1973. 학문적 역작.

『역사 History Volume 1, 2, 3』 Ammianus Marcellinus 지음,
J. Rolfe 옮김, Loeb Classical Library, Harvard U. P. 1939.
4세기를 증언하는 모골이 송연해지는 기록.

『중앙아시아의 초기 제국들 The Early Empires of Central Asia』
W. M. McGovern 지음, Chapel Hill, North Carolina U. P., 1939.
놀라운 정보가 들어 있다.

『전염병과 민족들 Plagues and Peoples』 William Mcneill 지음, Anchor
Books, 1976, 잘 쓴 책은 아니지만 생각거리를 던져 준다.

『새 옥스퍼드 주석 성경 The New Oxford Annotated Bible』
B. M. Metzger & R. E. Murphy 엮음,
Oxford U. P., 1991. 각주를 충실히 달면서도
원전의 성적으로 편향된 언어를
중화시키려 노력했다.

『중국의 과학과 문명 Science and Civilization in China』
J. Needham 지음, Cambridge U. P., 1988. 백과사전적 필생의 대작.

『그노시스 성경 The Gnostic Gospels』
E. Pagels 지음, N. Y., Vintage, 1981. 초기의 이단주의자와 그 사상.

『지평총서 고대 로마 The Horizon Book of Ancient Rome』
R. Payne 지음, American Heritage Publishing Co., Inc., 1966.
좋은 도감.

『자연사 Natural History Volume 8 & 9』
Pliny 지음, H. Rackhm 옮김, Loeb Classical Library, Harvard U. P., 1961.
과학적 수준은 낮으나 9장의 새에 관한 항목은 빠뜨려선 안 됨.

『비밀의 역사 The Secret History』 Procopius 지음,
출전은 알 수 없지만 테오도라의 스캔들을 알고 싶은 사람은
직접 찾아보기 바람.

『알렉산드로스의 본질 The Natural of Alexander』 M. Renault 지음,
Pantheon, 1975.

『초기 에트루리아인 The Early Etruscans』 D. Strong 지음,
Putnam's Sons, 1968.

『연대기와 역사 The Annals and The Histories』
Tacitus 지음, A. J. Church와
W. J. Broribb 옮김, H. Lloyd 간추림.
Washington Square Press, 1964.
서기 100년경 격한 분노 속에서
그럴듯하게 씌어졌음.

『알렉산드로스 대왕 Alexander The Great』
W. W. Tarn 지음, Cambridge U. P., 1979.
짧고 알찬 소개서.

더 이상은 용량이
넘쳐 안 되겠습니다.

# 옮긴이의 말

작가 래리 고닉은 아주 야심만만한 사람 같다. 인류만의 역사도 아니고 자연만의 역사도 아니고 그 모두를 포괄하는 '우주의 역사'를 만화로 그렸기 때문이다. 이 책을 읽으면서 우리는 그가 얼마나 많은 책을 섭렵했고 또 얼마나 뛰어난 유머 감각을 가졌는지를 깨닫는다. 그리고 만화에 온 우주의 역사를 담으려는 그의 시도가 성공하리라는 예감에 젖는다.

래리 고닉은 미국 하버드대학교에서 수학을 공부한 엘리트 만화가다. 일찍부터 역사와 자연과학처럼 딱딱한 분야를 만화로 재미있고 쉽게 소개하는 데 관심을 가졌고 재능을 발휘하였다. 그의 만화는 예일대학교를 비롯한 여러 대학에서 부교재로 쓰일 만큼 지적 수준과 완성도가 높다. 책 말미의 참고문헌을 보면 그가 얼마나 방대한 자료를 치밀하게 연구했는지를 짐작할 수 있다.

래리 고닉은 만화야말로 밀물처럼 쏟아지는 정보의 홍수 속에서 대중이 접근하기 어려운 주제를 가장 구체적이면서도 생생하게 전달할 수 있다는 확신을 갖고 있다. 사람들은 글보다는 그림에 더 즉각적으로 반응하기 때문이다.

이 책을 옮기면서 인도와 중국, 페르시아와 로마를 넘나드는 래리 고닉의 방대한 지식과 기상천외한 상상력을 따라가느라 적잖이 고생했다. 하지만 그 못지않게 재미와 보람도 컸고 부러움도 느꼈다. 이 좋은 책을 학생들을 비롯해서 많은 사람들에게 소개할 수 있다는 자부심을 가지게 되었다. 세부적인 정확성을 유지하면서도 사실적인 내용을 톡톡 튀는 줄거리와 발랄한 대사로 엮어가는 래리 고닉의 지성과 감성에 찬탄을 금할 수가 없다. 이 책을 몇 쪽만 읽은 사람도 누구나 그의 작품 세계에 수긍할 것이다.

이 책은 자연과 사회를 비롯한 우주의 역사를 담았지만 핵심은 인간의 역사, 즉 세계사다. 지금까지 우리가 읽은 세계사는 주로 서양인에 의해 쓰였다. 그래서 저자가 아무리 안 그러려고 노력해도 서양 중심적으로 흐르는 경우가 많았다. 그러나 이 래리 고닉의 『세상에서 가장 재미있는 세계사』는 아시아와 아프리카, 이슬람 문화도 굉장히 깊고 자세하

게 들려준다. 절대로 치우치지 않은 공정한 시각에서. 만화이긴 하지만 그 어떤 세계사 책보다도 냉정하면서도 따뜻하다.

만화를 번역하는 일은 얼핏 쉬워 보이지만 그렇지가 않다. 소설책이나 역사책 같은 글 위주의 작품은 풍부한 맥락이 주어지는 반면, 만화는 그렇지 않기 때문이다. 짤막한 지문과 대사만 달랑 놓여 있을 때는 그게 어떤 맥락인지 파악하기 힘들 때도 적지 않다. 시만큼이나 옮기기 어려울 때도 있다. 더구나 래리 고닉처럼 함축적이면서도 고급스러운 유머를 구사하는 작가임에랴.

그래도 처음부터 끝까지 즐거운 마음으로 번역을 했다. 때로는 과감한 의역을 통해 번역과 번안의 경계선을 넘나들기도 했지만, 그것은 저자의 포복절도할 익살을 어떻게 해서든 살려보려는 고육지책이었음을 이해해주셨으면 좋겠다.

만화가 되었든 글이 되었든 딱딱한 내용을 몇 권 혹은 한 권으로 간추렸다고 호언장담하는 책이 많지만, 내용을 보면 지루하고 장황하고 영양가도 별로 없을 때가 많다. 그러나 래리 고닉의 책은 그렇지 않다고 자신 있게 밝히는 바다. 번역을 마치니 아쉽기만 하다. 이 시리즈를 통해 그의 빛나는 지성과 감성과 익살의 삼중주를 즐겁게 맛보길 바란다.

2006년 5월
이희재

### 세상에서 가장 재미있는 세계사 2

1판 1쇄 펴냄 2006년 5월 20일
2판 1쇄 찍음 2022년 11월 10일
2판 1쇄 펴냄 2022년 12월 1일

**글·그림** 래리 고닉
**옮긴이** 이희재

**주간** 김현숙 | **편집** 김주희, 이나연
**디자인** 이현정, 전미혜
**영업·제작** 백국현 | **관리** 오유나

**펴낸곳** 궁리출판 | **펴낸이** 이갑수

**등록** 1999년 3월 29일 제300-2004-162호
**주소** 10881 경기도 파주시 회동길 325-12
**전화** 031-955-9818 | **팩스** 031-955-9848
**홈페이지** www.kungree.com
**전자우편** kungree@kungree.com
**페이스북** /kungreepress | **트위터** @kungreepress
**인스타그램** /kungree_press

한국어판 ⓒ 궁리출판, 2006.

ISBN 978-89-5820-800-6  07900
ISBN 978-89-5820-804-4  (세트)

책값은 뒤표지에 있습니다.
파본은 구입하신 서점에서 바꾸어 드립니다.